企業論テキスト

Essentials of Contemporary Business

汪 志平【著】
Wang Zhiping

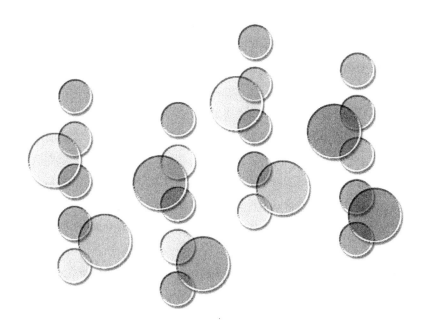

中央経済社

はしがき

　2007年に『企業論入門』を刊行してから，企業を取り巻く環境は大幅に変化した。改正会社法の成立，企業統治の再編，社外取締役導入の活発化，物言う株主の台頭，女性や外国人材の活用などが顕著である。本書はこうした企業環境の激変と法制の変化を念頭に書かれたものである。

　本書は「第Ⅰ部　企業の形態と統治」，「第Ⅱ部　企業と社会」から構成されている。第Ⅰ部では企業の諸形態，企業の結合形態，M&A，そして企業統治などを取り上げる。主要各国の会社機関構造についての基礎的な知識を学ぶと同時に，企業統治改革の動向を比較検討する。

　第Ⅱ部では，企業とステークホルダー（利害関係者）の関係を取り上げて説明する。ステークホルダーの企業に対する影響力は近年非常に大きくなってきており，それらの要求に俊敏に応えていく必要に迫られ，CSR経営こそが不可欠な時代となりつつある。

　また，日本の国内市場が頭打ちとなったため，企業が成長するために海外展開が不可欠となっている。最後に，企業がいかなる国際化を展開しているのかを述べる。

　企業は社会の要求に応えていかなければ存続することはできないが，社会の企業に対する期待は急速に変化している。これからの企業に何が求められ，企業はそれにどのように対応していくかを，本書から読み取っていただければ幸いである。

　最後に，本書の出版につき，その機会を与えていただいた中央経済社，ならびに貴重な助言をしてくださった同社経営編集部編集次長の酒井隆氏に，心から感謝申し上げたい。

2014年12月

汪　志平

目　次

はしがき　i

◆第Ⅰ部　企業の形態と統治◆

第1章　企業の諸形態 —————————— 3
　1　企業を見る視点 ———————————— 3
　2　企業の変遷 —————————————— 4
　3　企業の形態と分類 ——————————— 6
　4　企業形態の歴史的展開 ————————— 9
　5　今日の企業の諸形態 —————————— 11

第2章　株式会社 ———————————— 17
　1　株式会社制度の特徴 —————————— 17
　2　株式会社の基本構造 —————————— 20
　3　株式会社の機関 ———————————— 22
　4　日本の会社機関の実態 ————————— 24
　5　株式会社発展の歴史 —————————— 29

第3章　企業結合 ———————————— 35
　1　企業結合の目的と類型 ————————— 35
　2　日本における持株会社と経営統合 ———— 38
　3　日本の企業集団と企業系列 ——————— 40

4　企業の合併と買収（M&A） ……………………………………………… 42
　　5　企業の戦略提携 ……………………………………………………………… 49

第4章　企業統治 ──────────────────────── 53
　　1　企業統治の概念と目的 …………………………………………………… 53
　　2　株式所有構造の変化と企業支配 ………………………………………… 57
　　3　多様な企業統治 …………………………………………………………… 60
　　4　役員報酬制度 ……………………………………………………………… 64

第5章　日本の企業統治 ───────────────────── 69
　　1　戦前・戦時期における日本の企業統治 ………………………………… 69
　　2　戦後における企業統治の大転換 ………………………………………… 71
　　3　株式持合とメインバンクの役割 ………………………………………… 75
　　4　日本の企業統治のゆくえ ………………………………………………… 79

第6章　企業統治の国際比較 ─────────────────── 83
　　1　アメリカの企業統治 ……………………………………………………… 83
　　2　イギリスの企業統治 ……………………………………………………… 87
　　3　ドイツの企業統治 ………………………………………………………… 90
　　4　中国の企業統治 …………………………………………………………… 94

◆第Ⅱ部　企業と社会◆

第7章 企業と社会の関係 ── 101
1. 社会的存在としての企業 ── 101
2. 企業とステークホルダー ── 103
3. 企業市民と社会貢献活動 ── 113

第8章 企業の社会的責任 ── 117
1. CSRの概念と企業行動 ── 117
2. 企業倫理 ── 123
3. 環境経営 ── 126
4. 日本企業のCSR活動のゆくえ ── 128

第9章 企業とNPOの連携 ── 133
1. 現代日本社会とNPO ── 133
2. NPOの特徴と活動分野 ── 134
3. 企業とNPOの関係 ── 135
4. 企業とNPOの協働 ── 137

第10章 企業活動の社会的評価 ── 141
1. 多様な企業評価 ── 141
2. 企業価値を測る新しいモノサシ ── 144
3. SRIにおける企業評価 ── 145
4. グローバル・コンパクトとSA8000 ── 146

5 SR規格のISO26000 ･･･ 149
   6 CSRと企業価値 ･･ 150

第11章 ソーシャル・エンタープライズ ─────── 153
   1 ソーシャル・エンタープライズとは何か ･････････････････････ 153
   2 日本のソーシャル・エンタープライズの歴史と現状 ･･････････ 155
   3 ソーシャル・エンタープライズの経営課題 ･･････････････････ 159

第12章 国際経営とグローバル市民 ─────────── 161
   1 フラット化する世界における国際経営 ･･･････････････････････ 161
   2 海外ビジネスの形態と参入方法 ･････････････････････････････ 164
   3 多国籍経営における人材の活用・労働問題 ･･････････････････ 171
   4 新興国市場と多国籍企業 ･･･････････････････････････････････ 176
   5 異文化経営とグローバル市民 ･･･････････････････････････････ 182

参考文献一覧　185
索　　引　187

第 I 部

企業の形態と統治

第1章

企業の諸形態

1　企業を見る視点

(1) 企業とは何か

　企業という言葉は様々に定義されてきたが，日常的には，企業を経営する，企業に就職するというように，企業はまず経済活動を営むための組織を意味する概念である。一般に，企業とは，営利の目的で生産要素を総合し，財・サービスの提供を主たる機能とし，1つの管理組織下におかれる継続的に事業を経営する主体とされている。経済活動とは，インプット（労働，資金，原材料，設備，情報など）からアウトプット（製品，サービス）へ転換するプロセスである。メーカーに限られず，商店も会計事務所なども企業である。

　企業はまた様々な経営資源の集合体であり，市場調査，技術開発，設備投資，販売促進など活動の経済的側面を持つと同時に，企業は管理者や労働者の貢献を活動力に転換する組織体である。従業員を雇用し訓練し動機づけて，環境に適合した組織形態を選択や再編成することは，企業活動の主要な社会的側面である。

　一方，会社といった場合，会社法や特別法によって設立される法人格を付与されたものを指すが，多くの場合に，企業と会社を同一視しても大きな誤りが生じない。また，本書では特に必要な場合を除いては，会社とは株式会社を指

すことにする。

(2) 企業の性格の変化

　19世紀までの企業は小規模であり，潰れても解散しても当たり前であり，企業家個人の行為と本質的に差異がなかった。20世紀に入って，ベルトコンベアと部品の規格化による大量生産，鉄道と通信の発達による市場拡大が，企業規模を急速に巨大化させていった。

　企業の大規模化は単なる量的変化にとどまらず，企業の性格の変容をもたらした。現代の企業は，ただ財・サービスの提供だけを行う以上の貢献を，社会から要請され，株主の私的致富手段として利潤追求のみを目的とするものとは見なしえなくなっている。すなわち，ステークホルダー（利害関係者）全体のために存在するようになったのである。

　特に2008年秋の米国発金融危機を契機に，株主への責任だけを基礎にして経営が行われてよいものであるかについて，疑問視する議論が多くなってきており，株主偏重的企業観の修正が迫られている。株主のみならず，もっと広い多様なステークホルダー（顧客，従業員，地域，環境など）との共生を必要とする企業観への自覚を促している。

2　企業の変遷

(1) 古典的企業

　古典的企業というのは，具体的には，パン屋・肉屋などのように，単一の事業単位からなり，個々人が自らの手によって生産した商品を市場で販売し，自分の必要とする財を市場から購入する個人企業のことである。

　古典的企業の規模は極めて小さく，単一事業から構成されているだけでなく，1人の個人が同時に企業の所有者であり，経営者であり，そして労働者であって，自ら生産計画と生産手段に対する直接的な支配力を握っている点に，特徴

を見出すことができよう。

　この古典的企業は，その所有者兼経営者兼労働者である1人の自然人と同じライフサイクルを描くことになる。その個人が創業し，企業の拡張を図ったとしても，創業者の活力が衰えるとき，企業自体も弱体化し，衰退する。

　この古典的企業のもう1つの特徴は，自給自足経済と異なり，生産と消費が分離され，消費者は生産手段に対する支配から切り離されている点である。かくて企業に対して消費者は外部にある。古典的企業ないしワンマン・ビジネスは明らかに組織を持たない企業であって，企業内にはたった1人の所有者兼経営者兼労働者しかおらず，企業内分業は成立していない。

(2)　**工場制企業**

　工場制企業の登場によって初めて，企業内分業が成立する。この段階では，個々の工場所有者は同時に経営者を兼ねており，労働者が直接生産に従事する者として雇用されるようになる。ここでは，労働者とオーナーおよび経営者が人格的に分離され，雇用関係が始まった。

　工場制企業においては，分業が取り入れられ，各作業者が特定の作業のみを担当することで，技能・熟練が形成される。他方では，作業者が万能的な作業者から単能的作業者へ転落し，労働に対する資本の支配が深まることになる。また，分業に基づく協業をスムーズに進行させるために，作業の編成・計画・調整といった機能が重要となる。これらは，オーケストラにおける指揮の必要性と同様の必然性から来るものである。

　産業革命によって，機械が導入されると，生産過程は根本的に変革される。労働者の作業は機械を操作する作業に変化する。機械制生産は大量生産への道を開き，企業の大規模化が進む。

(3)　**株式会社企業**

　機械制生産の確立による巨額資本調達の必要性に対応して，近代株式会社が普及してくる。株式会社は，株式の発行によって，社会の遊休貨幣を集中し，

それを資本に転化させる新しい企業形態である。

　19世紀の後半に，電動機の発明によって動力機の大変革がなされ，鉄道・電信の発達によって市場拡大の可能性が無限に広がった。それに対応して，資本の集中が客観的要請となったのである。また，株式会社の普及は大企業の成立を促進した。20世紀の初めに，主要資本主義国の産業部門で，少数の大企業が誕生した。

　株式会社企業の登場は，企業規模と生産力の飛躍的拡大を可能にした。株式会社の制度を利用して，大量の資金を集め，企業が経営規模を拡大していくに従って，株式が大量に発行され，必然的に株式所有権が分散する。株式所有権が進むと，有力なオーナー支配の全く見られない経営者支配が成立し，「支配なき富の所有」と「所有なき富の支配」が，株式会社発展の論理的帰結として出現することになる。そして，企業内には，経営者をピラミッドの頂点とするヒエラルキー組織が見られる。

3　企業の形態と分類

(1)　企業の法律形態と経済形態

　企業は様々な形態で存在しているが，いくつかに類型化することができる。まず，企業の形態には法律形態と経済形態がある。

　法律形態は，会社法や民法に規定されている形態で，大きく個人企業，会社企業，組合企業に分けられる。個人企業を除いたものは共同企業である。組合企業は民法上の組合と匿名組合があり，会社企業には，合名会社，合資会社，合同会社，株式会社などがある（図表1-1）。

　私企業は個別企業形態の枠を越えた様々な結合を行ってきた。結合企業形態として，日本の経営学教科書に欧米から輸入されたカルテル，トラスト，コンツェルンという外来語3点セットが紹介されているが，日本の実態に照らすならば，むしろ業界協定，取引系列，資本系列，総合企業集団などの実態こそが，

図表1-1　共同企業の形態

会社法の定める会社	営利社団法人であり，営業は会社の名で行う。法人格がある。株式会社の出資者は会社の債権者に一定の限度しか責任を負わない
民法の定める組合	民法上の契約により成立。基本的に事業は全員の名で行う。法人格はない。組合員は組合の債権者に直接・無限の責任を負う
匿名組合	匿名組合員が営業者と営業のための出資を行う契約により成立。法人格はない。匿名組合員は，営業者の債権者から責任追及されない

出所：柴田和史（2000）『株式会社の基本（第2版）』日本経済新聞社，11頁より作成。

典型的な結合形態であろう。

これに対して，企業の経済形態は，出資者の構成や，出資と経営のあり方から類型化されたものである。出資者の違いから，公企業，私企業，公私合同企業（または公私混合企業）の3つに分けられる。

私企業は経営活動から利潤を獲得することを目的として設立される。公企業は公益性の高い事業領域や，営利活動に馴染まない事業領域において営むものである。公私混合企業には，政府と民間が共同出資する政府公私混合企業と，地方自治体と民間が共同出資する地方公私混合企業があり，後者は第三セクターとも呼ばれている。

(2) 中小企業とベンチャー企業

企業はまた規模の違いによって分類される。規模を見る一般的な指標として，従業者数と資本金額がある。規模に基づく分類には，大企業，中企業，小企業があるが，日本では中小企業の分類が用いられることが多い。

中小企業基本法では，製造業，卸売業，小売業，サービス業の4つの業種別に，従業者数と資本金額が採用されている（**図表1-2**）。

中小企業の中でも，躍進の著しいものを「中堅企業」と呼んで，また経営規模の小さなものは「零細企業」と呼ばれる。零細企業は主に血縁や親族関係で結ばれた家族によって経営されている。

図表1-2　日本における中小企業の定義

	資本金額	従業者数
製造業	3億円以下	300人以下
卸売業	1億円以下	100人以下
小売業	5,000万円以下	50人以下
サービス業	5,000万円以下	100人以下

出所：1999年の改正中小企業基本法により作成。

　さらに，量的分類のほか質的分類もあり，その1つは「ベンチャー企業」である。その定義は諸説あるが，ここで新しい需要を開発し，成長意欲や成長率が高い企業と定義する。ベンチャー企業と通常の中小企業の違いが，夢・志・成長意欲といった精神面にある。

　日本では，1990年代以降の長期不況の中で，開業や起業を実現するベンチャー企業に対する期待が高まり，ベンチャー・ブームが起こった。経済活性化やイノベーションの担い手として，ベンチャー企業を育てていくことが重要だといわれ，特に大学では，研究成果の事業化が大いに期待され，大学から誕生するベンチャー企業のことを「大学発ベンチャー」と呼んでいる。

(3)　社会的企業，多国籍企業，地場企業

　このほかに，ビジネスを通じて社会貢献活動を行う「社会的企業」（ソーシャル・エンタープライズ）が近年日本において注目を浴びている。また特定非営利活動促進法に基づいたNPOも多く設立されている。NPOは厳密に言えば企業ではないが，公企業と同様に，公益の増進に寄与しうる様々な活動を行う組織体である。

　さらに，国内に限らず海外多くの地域に事業活動を展開する「多国籍企業」や「グローバル企業」がある。これとは対極的に，国内のある特定地域にのみ活動する「地域企業」や「地場企業」などもある。

　このように，企業を様々な視点から分類することを通じて，現代における企業の存立形態がより明らかになろう。

4 | 企業形態の歴史的展開

　企業は常により大きな資本と大規模化を求めている。より多くの資本を集めるために，出資者の数を増やせばよいが，多くの出資者が経営に参加することは，意思決定の統一を難しくする。企業形態はこの相互矛盾する2つの要求を同時に満たす装置として展開されてきたのである。企業の諸形態がどのように発展してきたのであろうか。その歴史的過程を辿ってみよう。

(1) ソキエタスとコンメンダ

　12〜13世紀のイタリアの商業都市で生まれた複数の個人が出資するソキエタス（societas）は，今日の合名会社に相当するものである。出資者全員が経営に参加し，負債に対して無限責任を負うため，出資者の数をあまり拡大できず，多くの場合，家族共同体ないし血縁関係を基礎にしている。

　ソキエタスは，機能資本家相互の協力が実現できる比較的狭い範囲においてのみ可能である。資本が拡大されるにつれ，出資者間で企業家職能の範囲，特に利潤分配の方法について，利害の対立が現れてくる。

　出資者全員が経営に参加する形のままで出資者を増やしていくと，企業の統一的な支配が維持できなくなる。こうした限界は，無機能な出資者，つまり経営に参加しない有限責任出資者の導入を通して克服される。こうした形態はコンメンダ（commenda）と呼ばれ，13〜15世紀のイタリアおよびヨーロッパの諸都市における海上商業の主要な企業形態をなしていた。コンメンダは今日の合資会社に相当する企業形態である。

(2) オランダ東インド会社

　15世紀末にポルトガルの探検家ヴァスコ・ダ・ガマ（Vasco da Gama）が大西洋からアフリカ大陸の南端を経由し，インドや東南アジアへ渡る航路を発見した。

この航路を使った最初のインド貿易ビジネスは，船団をアジアに送り，無事に戻ってきた船舶の積荷を分配して完了するという単発型の事業であったが，その後多くの貿易船が建造され大型化していった。1回の航海に最低3隻の貿易船を用意するうえ，アジア地域で産品を入手するには大量の銀をあらかじめ用意する必要があり，さらに船長・船員・医師などに対する給与も準備しておかなければならなかった。

　しかも当時の航海は，往復に最短でも1年半を要した。長い航海中に，船が難破する危険性があるため，東インド貿易は莫大な資金を要するリスクの高いビジネスと化していった。

　そこで貿易事業に携わる者は，リターンを確保しながら，リスクをできるだけ小さくする方法を考えていた。出資者を募ることによってリスクを多人数で分割負担し，利益が出れば出資に応じた分配を行うという仕組みが生み出された。1600年末，「イギリス東インド会社」が設立されたが，資本は航海ごとに集め，航海が終われば，出資比率に応じて利益を分配し，出資金も払い戻すという方式であった。

　1602年，一般に株式会社の起源といわれる「オランダ東インド会社」が設立された。しかしオランダ東インド会社は株式会社の起源と評されても，決して近代的な株式会社といえるものではなかった。

　オランダ東インド会社の特徴として，①社員総会が欠如していた。取締役73人（後に定員60名）は大株主ではなかったが，特許状により終身で任命された。一方，一般出資者は会社の経営から完全に排除されていた。②議会の特許により設立されたので，政府の権力が多様に介入していた。政府は貿易の独占権を与える一方，貸付や献金などにより会社から莫大な代償を得ていた。

　オランダで生まれたこのような特権的株式会社は，その後次第に各国に普及していき，17世紀においてイギリスやフランスなどで設立された。

　株式会社は，全出資者を有限責任とし，資本を小額の株式に分割するため，資本集中の可能性を飛躍的に高めた。また支配の統一性は，株主総会における多数決によって実現されるのである。

5　今日の企業の諸形態

　各企業形態における最も基本的な違いは，出資者の責任が無限か有限かである。有限責任とは，企業が負債を抱えて破産した場合に，出資者はすでに出資した金額を失われ，あるいは保有する株式が無価値になるとしても，それを超えて企業負債の弁済を迫られることはない。これに対して，無限責任の出資者は連帯して会社の債務を弁済する責任を負うから，自分の私的財産を処分してでも弁済することが求められる。

　今日最も重要な役割を果たしている企業形態である株式会社に関する説明は次章で行うため，ここでその他の企業形態を簡潔に解説しておこう。

(1)　個人企業

　企業の発展過程において，最初の形態が個人企業である。個人企業では，特定の個人が全額出資して設立され，出資者が経営者となる。彼が企業運営のすべてに当たり，従業員を雇わないことも少なくない。

　個人企業の主な長所は，①簡単に設立できる，②他人に制約されずに思い切った経営ができる，③経営の良し悪し（損益）は自分の努力にあるから，経営者の熱意を高める刺激が大きい，ことである。

　一方，短所としては，①企業の負債に対して個人が無限責任を負わなければならない，②企業の信用は個人的信用力に依拠するため多額の融資を受けがたい，③個人の経営能力には限界がある，③企業の永続性がない，などが挙げられる。

　こうしたことから，個人企業は大量の資本を必要とする事業には不向きであるが，小規模事業に適している。たとえば，自分で作ったソフトを販売したり，家庭英語教室を開いたりする場合には，会社を設立しなくても，自分１人で，あるいは誰かを雇ってやってしまえばよい。多くの農家や商店も個人企業である。個人企業は登記する必要がなく，誰もがいつでも始めることができ，また

勝手に活動を止めてしまってもよい。それだけに，個人企業の数を正確に把握することは不可能である。

　2006年のある調査によれば，農林漁業の個人企業を除外しても，日本において個人企業は274万以上があったが，捕捉しにくいだけに，その数は過小評価されていると見られる。

(2) 合名会社

　合名会社とは複数出資者の資本を結合させた企業形態である。出資者は社員と呼ばれ，社員全員が共同で会社経営に当たり，会社の債務に関しては全社員が無限連帯責任の義務を負う。

　合名会社は企業者活動の拡大に伴い必然的となる。すなわち，企業者活動に対する需要が一個人の企業家の能力を超える場合，他の企業者活動と結合することによって，また第二次的にその企業者資本の結合が行われ，その範囲内で資本リスクの分散が行われる。

　したがって，合名会社においては企業者職能の分担が行われている。つまり，営業活動または財務活動に対し，それぞれの職能において，経営管理の分業が行われる。反面，業務執行権を持つ社員が複数になると，経営方針を決定するに際して，社員間の合意形成が必要となる。そのため，意見集約に困難をきたす場面が出てくる。この合意経営の必要性と無限連帯責任制のリスクから，社員の範囲は自ずと親族を中心とする血縁者か，強い信頼関係にある知人同士などに限定されるのが一般的である。

　また，社員が自らの持分を第三者に譲渡する場合は，全社員の承認が必要となるため，会社設立後も，社員と信頼関係にない者が経営に加わる可能性は基本的にないといえる。

　合名会社は2人以上の企業者が共同で事業を営むものであるから，個人企業に比較して，より多額の資本を調達できるし，また数名の人の協力によって，経営上の分業と職能分担をすることによって，経営効率を高めることができる。

　このような特質を持つ合名会社は，今日においては重要性を失っているが，

多額の資本を必要としない事業にまだ見られる。

(3) **合資会社**

　合資会社とは，経営者としての社員とは別に，出資のみを行う社員を加えた企業形態である。合資会社は，無限責任社員1名以上と，有限責任社員1名以上の2種類の社員から構成される。

　合資会社には，先の個人企業や合名会社に認められない特質がある。1つは，出資と経営の分離が見られること。有限責任社員は会社の意思決定に参加できず，出資額に応じた利益の分配を受け取る存在でしかない。

　また，持分の譲渡に関しては，無限責任社員が譲渡する場合には全社員の承認が必要であるが，有限責任社員が譲渡する場合には，無限責任社員の承認だけが必要となる。

　合資会社は配当目的の有限責任社員が加わる分だけ，資本は幾分集まりやすいが，有限責任といえども，持分の譲渡自由性がなく，いったん出資した後は出資金の回収が困難であるため，出資に応じてくる者の数は限定される。

　合資会社は17世紀頃，イギリスやフランスによく見られた企業形態であったが，産業革命以後その重要性を失っている。親戚や知人および事業経営者などといった極めて狭い範囲で，資本の調達を図っているに過ぎない形態なので，今日では中小企業にまだ見られる。

(4) **有限会社**

　日本ではドイツの会社法を参考に，1938年に中小企業向けに有限会社が作られた。合資会社と大きく異なるのは，出資者全員が有限責任社員である。会社が自身の資産をもって，債権者に対して有限責任を負い，社員が債権者に対して直接的に責任を負うことはない。

　2006年に新会社法施行前の有限会社の最低資本金額は300万円であった。この資本金は均一に分割・口数化され，社員は出資口数に比例した支配権を得る。最高意思決定機関である社員総会において，各社員は1口につき1票の議決権

を有する．社員数は50名以下と規定され，社員が自分の持分を社員以外の者へ譲渡する際は，社員総会での承認を必要とする．

有限会社は社員数や持分の譲渡に関して，意図的に制限を設けており，閉鎖的で大規模化できない仕組みになっている．そのため，広く社会一般から出資者を募る株式会社と異なり，決算公告などは義務化されていない．

新会社法では，有限会社は廃止され，株式会社への一本化が図られた．今後新たに有限会社を設立することもできない．これにより，有限会社は株式会社に組織変更するか，特例有限会社へ移行することとなった．また，資本金の規定はなくなり，社員数の上限規定もなくなっている．

(5) 合同会社

合同会社は会社法で新たに設けられた企業形態である．合同会社は法人格を有し，出資者全員は有限責任を負うが，会社の内部関係は定款自治を原則とする組合的規律が適用されるという特徴を持つ．

定款の定めにより，出資比率とは異なる利益の分配設定が可能となっている．つまり，社員の持つ知識・技術や会社への貢献などを配当に反映させることができる．こうした特徴を持つことから，合同会社は技術者等が社員に含まれる研究開発事業などに適しているといわれる．

ソフト産業などのように，資金よりも知的出資が重要な意味を持つ事業で起業する場合，むしろ出資比率にとらわれない自由な支配権と利益配分の仕組みが要請される．そのような必要に応えるため，出資者の全員が有限責任を負う株式会社の特長を残したまま，一方で支配権や利益配分の割合を，定款で自由に決められる「組合」の仕組みを併せ持つ新しい企業形態として，合同会社が考え出されたのである．

また，法人出資による設立も認められるため，たとえば技術力はあるが資金力の乏しい中小企業が，大企業と組んで合同会社を設立した場合，中小企業は出資割合が低くても，大企業と議決権や利益配分に関して対等な立場を確保することが可能になる．

図表1-3　株式会社・LLC・LLP・個人企業の違い

	株式会社	LLC	LLP	個人企業
形　態	法　人	法　人	組　合	個　人
責　任	有　限	有　限	有　限	無　限
内部組織	株主総会・取締役	自　由	自　由	自　由
株式会社への変更		○	×	×
税　金	法人税	法人税	構成員課税	所得税

出所：山田信哉（2005）『つまみ食い新会社法』青春出版社，46頁より作成。

　合同会社は設立手続きが簡単で，利益配分などに関して定款で自由に定められるというメリットを持つ。株式会社の有限責任制と組合の定款自治を併せ持つところから，両者のハイブリッド（混血）形態とも言われるが，新時代の中小企業向けの企業形態として工夫された産物であることは間違いない。

　ただし，日本の合同会社はアメリカのLLC（Limited Liability company）のように，構成員に対するパススルー課税もしくは構成員課税は認められておらず，会社法施行以降は新規設立が認められなくなった旧有限会社に代わる存在としての期待がむしろ強い。

　そのため日本はアメリカのLLCをモデルに合同会社を法制化したのであるが，その過程で，組合形態を維持したままの有限責任事業組織であるイギリスのLLP（Limited Liability Partnership）のほうが，むしろ合同会社よりも税制上，使い勝手がよいことが判明したため，合同会社（LLC）とは別に，「有限責任事業組合」（LLP）も平行して，2005年8月に制度化されたのである。

　有限責任事業組合は会社ではないが，実質的には合同会社と紙一重の企業形態であり，税制面から見るならば，むしろ合同会社以上に，アメリカのLLCに近い（**図表1-3**）。

(6)　**相互会社**

　相互会社は，保険事業を営む企業だけに認められた特殊な会社形態である。相互会社では，保険事業の顧客である保険加入者自身が，同時に保険料を限度

とする有限責任社員として会社を構成する。

　株式会社形態をとる保険会社との最大の違いは，株式会社では株主が会社を構成し，保険加入者は純粋に保険事業の顧客として存在するのに対し，相互会社では保険事業の顧客である保険加入者自身が，同時に社員として会社を構成するのである。

　相互会社は法律上の最高議決機関として社員総会を有し，そこでの議決権は支払保険料の多少にかかわらず，1人1票と決められている。

　しかし，株式会社の株主数は大会社でも数十万人にとどまるのに対し，相互会社においては社員数が数百万人から1千万人以上にものぼる。そして，株主総会では1株につき1個の議決権が与えられることから，特に発言力の大きな大株主は少数である。これに対し，社員総会では社員に各々1個の議決権が与えられるため，社員間に発言力の差はない。したがって，社員総会で合議することは現実的でないとされている。

　そこで，保険業法では，総社員のうちから総代を選出し，総代の合議体である総代会を社員総会に代わる機関として設置することも認めている。総代選出の社員投票では，社員総会の議決権と同じく1人1票であり，保険の契約高等に応じた選挙権が与えられるわけではない。

　なお，相互会社から株式会社への組織変更は，1995年の保険業法の全面改正によって認められるようになった。これを受けて，今まで5社が株式会社化している。

　すなわち，大同生命（2002年），太陽生命（2003年），共栄火災海上（2003年），三井生命（2004年），第一生命（2010年）である。

　なお，2014年3月末現在，日本には5社の相互会社が存在している。すなわち，日本，住友，明治安田，富国，朝日の5つの生命保険会社である。

第2章

株式会社

　前章で確認してきたように，個人企業や合名・合資の会社形態は，資本の集中に関して制度的限界を持っている。これに対して，株式会社は社会的遊休資金を広範囲に集め，大規模な資本集中を可能にした最高の企業形態である。実際，今日の主要な経済活動が株式会社によって営まれており，日本の会社企業数では株式会社が約98.6％を占めている（図表2-1）。

1 株式会社制度の特徴

　株式会社は多数の出資者から資本が調達され，それを資本収益性の原理の下に経営されている企業である。株式会社において全社員が有限責任を負い，そこには人的結合関係は全くなくなる。出資者の全部またはほとんど全部が，経営に参加していないからである。
　株式会社においては資本の証券化が行われ，証券取引所の成立によって，資本の市場交換性は確立される。株式が市場で売買されるために，企業と出資者

図表2-1　資本金階級別会社企業数（2009年）

	総　数	300万円未満	300万〜1千万円	1千万〜1億円	1億円以上
株式会社	1,780,686	58,803	926,314	754,874	28,436
合名・合資・合同・相互会社	24,859	17,118	5,894	1,772	25

出所：総務省統計局（http://www.stat.go.jp/data/nihon/06.htm）より整理作成。

との間の人間関係が失われ，株式会社は非人的資本の結合形態としての特徴を持っている。

株式会社は，今日最も重要で支配的な企業形態であるがゆえに，そこには，決定的な長所を持っている。具体的には，①証券制度および有限責任制度によって，多額の資本を集中することができること，②出資された資本は重役制度によって，その出資者から独立して統一的に機能的に運用することができること，③たとえ資本を持っていなくても，有能な者であれば経営者として任命され，経営に参加することができること，④たとえ企業の出資者が引退したとしても，雇われ経営者をもって企業の存続を図ることができ，いわゆる企業の永続性が保たれることである。

反面，短所としては，株式会社の設立の手続きや組織が複雑で，しかも政府の監督も厳しい。また，株式会社の経営者は，自己の財産を所有していないので，経営に当たって放漫となる危険性がある。

資本の証券化，出資者全員の有限責任制，取締役制度（所有と経営の分離）が，近代株式会社の最大の特徴となっている。

(1) 資本の証券化

株式会社は，資本を均一の小単位である株式に分割し，それが証券市場で投資家に売買されることで，巨額の資金を調達する。調達した資金は自己資本として長期的に使うことができる。一方，出資者である株主は，自分の保有する株式を市場で自由に売却でき，いつでも投下資本を回収することが可能となっている。

株式は，出資者としての地位を表すものである。会社の支配権は株主総会での議決権，会社利益に対する配当請求権，会社清算する場合の残余財産請求権といった権利で構成されるが，それを細かな単位に分割したものが株式である。

株式は株券という形態をとり，有価証券として市場で流通する。出資者は株券の売却によって，投資資金を回収できる。株式の譲渡は，株主の交代に過ぎないため，株式発行を通して企業に集められた出資金は，永続的に企業に固定

され，企業活動の継続性が保証される。

　ただし，株式価格（株価）は発行会社の経営状況や経済環境などにより日々変化するため，一般の個人株主は，株式購入時点と売却時点の価格差を狙って利ザヤを稼ぐことを目的としており，会社の経営活動自体に関心のある者は極めて少ない。

(2) 出資者全員の有限責任

　株式会社では，会社資産の所有者は法人としての会社であり，出資者である株主ではない。会社が借金するときの契約主体は法人である。それゆえ，会社が倒産したとしても，債権者が差し押さえできるのは，法人の資産だけであって，株主の資産まで及べない。倒産した場合，当然，株主の持つ株式の価値はゼロになってしまうが，それ以上の損失を負わないで済む。

　株主は保有株式をいつでも売却することによって出資金を回収できるから，出資額を限度とする責任をも回避できる。この有限責任制は，資本の証券化と結合して，社会の広い範囲から資本を調達できる機構を作り上げたのである。

(3) 取締役制度（所有と経営の分離）

　証券制度と出資者全員の有限責任制によって，巨額な資本調達が可能となると同時に，株式所有が分散化し，群小株主が増加する。多数の株主の意思を統一して，会社の意思を決定する制度が株主総会である。株主総会は，株主を構成員とする合議制の最高意思決定機関である。1株1議決権に基づいて多数決原理で行われる。

　株主総会で選任される取締役が取締役会を構成する。取締役は株主総会で選出されるが，取締役は株主である必要はないので，出資者（株主）と経営者（取締役）は別人となり，所有と経営は分離することになる。

　大規模な上場会社においては，株主が数万人にもなるため，すべての株主に業務執行に当たらせることはそもそも不可能である。しかも多くの株主は他に仕事を持ち，株価の動向によっていつ持株を売却するかも分からない人々であ

る。細分化された管理機能を統括し，指揮・調整する能力を持つ専門経営者が必要となってくることから，株式会社では日常の経営を行う機関として，取締役会が設置されるのである。

2 株式会社の基本構造

　株式会社では，資産の所有者は法人としての会社であり，その法人としての会社の所有者が株主である。法人としての会社は，資産に対しては所有関係の主体としてヒトの役割を，本来のヒトである株主に対してはモノであるという二重の役割を演じている（図表2-2）。

　すなわち，株主が会社をモノとして所有し，その会社がヒトとして，会社資産を所有している。会社がヒトとモノとの2つの役割を果たしている。

　会社の資産を所有しているのは法人としての会社であるが，経営活動を行うには，実際に資産を運用したり，契約を結んだりするヒト（経営者）が必要となる。それが代表取締役である。株主総会で決定できるのは，現在の経営者の意思決定の否決であったり解任であって，経営者の存在自体はどうすることもできない。経営者は会社の間には信任関係（fiduciary relation）にあり，経営者は忠実義務と注意義務を負っている。

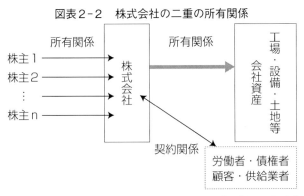

図表2-2　株式会社の二重の所有関係

出所：岩井克人（2005）「株式会社の本質」『日本の企業システム　第2巻』16頁より作成。

信任関係とは，一方のヒトが他方のヒトのために，一定の仕事を行うことを信頼によって任されている関係である。弁護士と依頼人，医者と患者，遺言執行人と相続者などがある。たとえば，救急病棟の医者と無意識の状態で運ばれてきた患者との関係を考えてみると，契約を結ぶことができないにもかかわらず，医者は患者のために手術を行う権限を持っている。意識のある患者の場合でも，少なくとも部分的には，医者は患者の生命を，信頼によって任されることになるのである。

　無意識の患者を前にした医者は，その気になれば，いくらでもいい加減な手術ができる。会社の経営者も同様であり，その気になれば，いくらでもいい加減な経営ができる。悪意を持てば，会社を私物化することすら可能である。

　このような信任受託者の怠慢や乱用を防ぐには，契約は無能である。無意識の患者を手術する医者は，いくらでも自分に都合のよい契約書を作ることができる。会社が結ぶ契約は，すべて経営者を通して行われるので，経営者が自分の処遇に関する会社との契約書はいくらでも，自分に都合よく作成してしまうことが可能である。

　それゆえ，信任関係を維持するためには，法律による厳格な規制が必要とされることになる。信任義務には多くの義務が含まれているが，最も中心的なのは忠実義務（the duty of loyalty）と善管注意義務（the duty of care）である。

　忠実義務とは，取締役は会社と自分の利益が衝突するような場合に，自分の利益を引っ込めて会社の利益を優先させよという義務である。善管注意義務とは，信任受託者に自分の利益にならない仕事であっても，取締役という地位にある者として一般に要求される程度の注意を払って業務を遂行することを指す。どちらの義務も，経営者に一種の倫理性を課している。

　2001年にアメリカで起こったエンロン社の倒産劇は，経営者がインセンティブ契約の隠れ蓑の中で，いかに容易に信任義務を無視し，結果として会社そのものを倒壊させてしまうかを示す格好の事例である。

3 株式会社の機関

(1) 会社機関設計の多様化

　日本では，2002年の商法改正によって大規模な株式会社に，委員会等設置会社が導入されたが，2006年施行された会社法では，「委員会設置会社」に名称変更された。そこで現在，日本の大規模な公開株式会社には，監査役会設置会社と委員会設置会社の２つのタイプがある。監査役会設置会社は，株主総会，取締役会，監査役会，代表取締役などの機関が法律で設置が義務づけられている。委員会設置会社は株主総会，取締役会，執行役，代表執行役などの設置が義務づけられている。

　なお，会社法では，機関設計が柔軟化され，定款の定めによって，様々な組み合わせが可能になった。ここでは，公開・大会社の機関に限定して，しかも監査役会設置会社の機関構造の現状についてみよう。委員会設置会社については第５章で説明する。

(2) 株主総会

　株主総会は，出資者である株主によって構成される会社の最高意思決定機関であり，当該会社の基本的な方針や重要な事項を決定する場となる。株主総会で決定できる事項は会社法で定められているが，さらに各会社の定款で定めることが可能である。株主総会には，決算期ごとに定時に開かれる定時株主総会と，合併など重大な決定事項の発生する際に臨時に開かれる臨時株主総会がある。

　前者は事業年度の終了後一定の時期に招集しなければならず，議決権を保有する株主に対して取締役が招集する。定時株主総会での主な議決事項は，計算書類の承認，利益剰余金の配分決議，役員の選任に関する決議である。決議は１株１個の議決権が付与され，多数決の原則に基づいてなされる。株主総会に

おける決議にはその内容によって，普通決議，特別決議，特殊決議の3つに分類され，定足数と決議要件が定められている。

(3) **取締役会**

　取締役会は株主総会で選出された取締役によって構成され，経営の決定・執行・監督を遂行する合議制の機関である。株主総会で決定する事項を除いて，会社の経営方針や重要な業務執行についての事項を決定し，実行する。
　経営の監督とは，代表取締役や業務執行取締役が適切に職務を遂行しているかどうかを監視し，問題があればそれを是正させる努力をし，必要があれば解任することである。この担い手が取締役会および監査役（会）である。
　取締役会では，会社の業務執行に関わる事項，たとえば株主総会の招集，新株や社債の発行，重要財産の処分や譲受，支店の設置や廃止などが行われる。取締役の互選によって選出された代表取締役が，取締役会での決定事項を実施する際に指揮をとり，対外的に会社を代表する。取締役会は過半数の取締役が出席することにより成立し，出席した取締役の過半数の賛成によって審議事項が可決される。

(4) **監査役（会）**

　監査役は取締役の職務遂行に関する監査を行う。監査には，業務監査と会計監査の2つがある。業務監査とは，取締役が法令や会社の定款を遵守して業務を行っているかを監督・調査することであり，会計監査とは決算書類が正しく作成されているかを検査することである。
　大会社（資本金5億円以上または負債総額200億円以上の会社）では監査役会の設置が義務化されており，メンバーの半数以上を社外監査役としなければならないことになっている。

4　日本の会社機関の実態

(1)　株主総会の変遷

　日本においては，複数の会社が互いの株式を持ち合う構造が長く経営者支配の体制を支えてきた。株式持合は互いに議決権を行使しない物言わぬ株主となったため，経営権を安定させる一方，株主総会は形式的に開催され，短期間で終了する「シャンシャン総会」と呼ばれて形骸化していたのである。しかし，バブル経済崩壊以降，株式の相互持合が崩壊し，売り出された株式が海外投資ファンドなどに取得されるようになると，これまでと違った対応が迫られている。

　日本の株主総会に関してこれまで，①総会開催日の集中，②総会時間の短さなどが問題にされてきた。

　まず，日本の上場企業には3月期決算が多いため，定時株主総会の開催日は6月末の同じ日に一斉に開催するのが慣行となってきた。これは監査の日程等により6月後半になりがちであるという理由と，総会を特定の日に集中させることで，総会屋の出席をしにくくし，総会を円滑に進める目的があった。

　ところが，海外機関投資家の増加や日本の機関投資家が議決権行使するようになるに従い，株主総会の集中率は低下している。集中日が複数の株式を所有する株主の出席を妨げているので，東証は2007年11月の企業行動規範において，株主総会の分散化を努力義務として定めている。

　東証によると，1995年3月期に集中率が96.2％とピークを記録したが，その後各社はピーク日を避けるなど開催日の分散化を推進し，ここ数年は40％台で推移していた。直近の2014年総会が最も集中するのは6月27日で，東証上場企業2,375社のうち，38.7％に相当する918社が開いた。

　東証はまた，株主総会における株主の議決権行使の促進に向けた環境整備を上場会社各社に要請してきた。株主総会の活性化の取り組みとしては，株主総

図表2-3　株主総会の平均所有時間の推移

年　度	1993	1997	2001	2005	2008	2011	2013
平均所要時間(分)	29	29	39	48	54	54	51

出所：商事法務研究会『株主総会白書』各年版より作成。

会の集中日の回避のほかに，招集通知の早期発送，招集通知等の英訳の提供，電磁的方法による議決権の行使が行われている。

近年では，総会屋の活動が弱まったことや，会社をアピールする舞台として株主総会を捉えることが多くなったために，サラリーマンなどの一般個人株主にも出席しやすい土曜日や日曜日に，定時株主総会を開く会社が多くなってきている。

次に，大部分の総会が30分程度で終了し，質問も全くないのが普通であったため，総会は経営者の提案を無条件に承認するための機関となってしまった。経営者は総会に出席しない株主から送られてきた多数の委任状を背景に，強引に議事を進めていくことが多かった。社員株主などが「異議なし」などの大声で，質問を求める個人株主の声をかき消して，議事を進めることが一般的であった。

しかし近年，これらの問題に改善の動きが見られた。1999年以降，開催日の集中度低下に伴い，総会の時間が長くなってきている（**図表2-3**）。

現在，所要時間は50分前後というのがすっかり定着し，30分程度で事業報告と議案の説明を行い，20分程度を質疑応答に費やすのが平均的な株主総会の流れとなっている。

また，個人株主を重視する会社の株主総会においては，会社の事業活動のアピールのために，色々な特典を用意して，株主に参加してもらえるようなサービスを行っている。主なサービスには以下のものがある。

A．会社説明会の開催。総会後，会社の事業内容について知識のあまりない個人株主に対して，事業活動や組織について噛み砕いて説明する場を設ける場合がある。とりわけ，一般消費者になじみ（接点）がない生産財・中間財メーカーなどが積極的に行っている。

B．懇親会の開催。総会後，飲食接待を行う。その場で各役員が，株主と直接対話する場合も多い。また，飲食業（外食産業）を営む会社では，会社の商品を試食してもらうために提供する場合もある。ゲームソフトの会社では総会中に同伴の子供が自社ソフトのプレイを楽しめるようになっていたり，終了後に新商品の試用ができるようになっていたりする。

C．コンサート。音楽関連の会社（レコード会社や芸能事務所など）では，会社がプロデュースする音楽家（アーティスト）の演奏会を行う場合がある。

さらに総会開催中に，同伴の子供を対象に託児サービスを行う会社もある。

(2) 取締役会の形骸化と対策

これまで日本企業においては，取締役会に期待されている役割は十分に機能しているとは言えない状況が続いてきた。1990年代までに指摘されてきた問題点を挙げると，①取締役会メンバーは，ほとんどが業務担当者でもあり，意思決定と業務執行が分離していなかった。②取締役会の中に序列が形成されている。代表取締役社長を頂点とした業務執行担当者の序列が取締役会に再現され，取締役会の監督機能の形骸化をさらに進めた。③社外取締役が極めて少なく，また社外取締役の独立性も低い。④取締役会の構成者数が多く，大企業では50名を超えることもあった。⑤経営の決定について，多くの企業では重要な意思決定を行っているのは社長であり，法定されている取締役会よりも，任意である「常務会」等の経営トップ層のみの会議が実質的な決定を行っている。取締役会は社長や常務会の決定を追認するだけになっている。

このような問題点に対して，1990年代末から執行役員制度を導入して，取締役の人数を削減し，取締役会を実質的な会議の場にしようとする動きが目立ってきている。執行役員制導入の目的は，①取締役会の構成員数を削減し，取締役会の議論を活発にすることによって，その機能強化と意思決定の迅速化を図る。②会社の業務執行機能と全社的意思決定および業務執行に対する監視機能を分離する，などが挙げられる。

他方，社外取締役を導入し，取締役会の活性化も期待されている。2002年の調査では，社外取締役を選任している企業は35.9％になっていた。資本金300億円以上の企業では，ほぼ半数の企業で選任されているが，平均1.6人と少ない。しかも，社外取締役の出身は，グループ企業・親会社・メインバンク・取引先企業など明らかに独立性を持たないのが約7割を占めていた。

　直近の2014年6月時点で，東証1部上場企業の74.2％（1,345社）が社外取締役を導入している。だが独立性の高い社外取締役は，社外取締役のうち55.4％にとどまっている。社外取締役の取締役会に占める割合は20.7％に高まったが，独立社外取締役に限ると10％強にすぎない。

　なぜ独立社外取締役が重要なのか。それは，利害関係がないため緊張感を保って経営を監視し，ときには株主との橋渡しも期待できるからである。ACGA（アジアコーポレートガバナンス協議会）は，取締役が10人以上の大会社は独立社外取締役の割合を中長期的に取締役会の3分の1まで高めることを求めている。東証も親会社や取引先などの出身者でないことを独立性の要件に含めている。そのため，日本では1社当たりの社外取締役と独立性の高い取締役が少ないことなど，克服すべき課題が多く残されている。

　さらに，アメリカ流の委員会設置会社が，2002年の商法改正および2006年施行の会社法によって導入された。企業は従来型の監査役を設置する形態と，監査役を設置せずに取締役会の中に3つの委員会（指名，監査，報酬）と執行役を設置する形態のどちらかを選択できるようになった。3つの委員会は3人以上で構成され，いずれも過半数が社外取締役でなければならない。執行役は取締役会の決議により選任され，執行を職務とする。実際に社長など少数の上位の執行役が取締役を兼任する場合が多い。

　しかし，委員会設置会社を選択する企業は少なく，東証上場会社では2012年末の時点で49社（2.2％）にとどまり，ほとんどは国際的な事業展開をして海外の投資家を意識している企業である。

　指名・報酬・監査の3委員会が必要な委員会設置会社は条件が厳しくて選択する企業が少なかったため，2014年6月に成立した改正会社法は，社外取締役

図表2-4　会社機関の3つの形

監査役設置会社	監査等委員会設置会社 （新設）	委員会設置会社
取締役会 （社外取締役を選任しない場合は説明必要）	**取締役会**	**取締役会** 監査委員会 指名委員会 報酬委員会 （各委員会は3人以上の取締役で構成，過半数は社外取締役）
監査役会 （3人以上の監査役で構成。半数以上は社外監査役）	監査等委員会 （3人以上の取締役で構成，過半数は社外取締役）	

出所：筆者作成。

の選任を促す新制度「監査等委員会設置会社」が設けられた。取締役3人以上で構成する監査等委員会が経営をチェックし，委員の過半数を社外取締役にする必要がある（**図表2-4**）。既存の監査役会設置会社と委員会設置会社の中間的な形態といえる。新制度の導入の動向は今後の注目点である。

(3) 監査役会

　監査役は株主総会で選任され，会社の業務監査および会計監査を任務とする。監査役会設置会社において，監査役は3名以上とし，うち半数以上は社外監査役でなければならない。監査役は取締役らから営業報告を求めたり，会社の業務・財産の状況を調査する権限が与えられている。さらに，取締役に対して違法行為を差し止める権限を持つ。

　しかし，現実には監査役は経営者に対する監視機能をほとんど果たしてこなかった。最大の原因は，監査役の人事権を実質的に社長が掌握していることにある。

　これまで，監査役はほとんど内部昇進者であり，社内の役員の中で，序列も相対的に低かった。また，情報収集能力も極めて限定されていた。常務会などの実質的な意思決定会議に出席できないなど，監査のために必要な経営情報が与えられてこなかった。

このような現状を踏まえ，監査役の統治機能を高めるため，1993年の商法改正で，最低1人は社外から任命しなければならないことになった。しかし，実態調査によれば，真に外部性や独立性を持つ社外監査役は少ないことが分かった。たとえば，子会社などへ5年以上出向している者や，系列企業グループの出身者，大株主や銀行の出身者が多かった。

その後，2002年の商法改正では，監査役の過半数に社外監査役を選任しなければならないことになった。しかし，独立性が高まらない以上，監査役の監視機能の強化に結びつかないであろう。

社外監査役の独立性を保証するために，次期社外監査役が，現在の経営者と利害関係のない社外監査役のみによって構成される委員会等によって選任されるような制度を導入する必要があろう。

5　株式会社発展の歴史

(1) ヨーロッパにおける株式会社の発展

イギリスで1711年に設立された南海会社は，大衆の投機熱を巧みに煽って利益を得たが，それにつられて，会社としての実態のない泡沫会社（Bubble Company）も次々に設立された。特許状のないこうした会社が乱立しているのを取り締まるために，英国政府は1720年に「泡沫会社禁止法」を制定した。その後，イギリスでは1世紀にもわたって，株式会社の設立は禁じられた。

18世紀後半に，イギリスで産業革命がおこり，工業生産が機械制大工業の時代に入った。生産過程への機械の導入には莫大な資本が必要となり，資本調達の手段として株式会社制度が注目された。1825年に「泡沫会社禁止法」は廃止され，これまでの特許主義から準則主義へと変わり，特許状がなくても，要件さえ満たしていれば，誰でも会社を設立できるようになった。1856年に有限責任法，1862年に一般会社法が制定され，これをもって，イギリスにおける近代株式会社制度は完成されることになる。

一方，フランスでは1807年に商法典が定められ，免許主義による株式会社設立が認められるようになり，1867年に準則主義による会社法が制定された。ドイツでは，1843年に免許主義をとるプロイセン株式会社法が制定され，1870年には準則主義へと改められた。

20世紀初頭になると，各国の主要産業部門において，大規模株式会社が設立された。

(2) アメリカにおける株式会社の発展

アメリカでは植民地時代からすでに株式会社が設立されていた。1776年の独立宣言を経て，1800年頃までに約320社の株式会社が活動していた。その内訳は内陸運河・有料道路・橋梁といった分野が大半を占めており，製造業ではその数は少なかった。企業形態としては，個人企業やパートナーシップが中心的であった。

1811年に，ニューヨーク州で米国初の一般会社法が制定され，いわゆる準則主義による会社設立への道が開かれるようになった。1820～30年代に入ると，運河・土木・銀行・鉄道では，株式会社形態が一般的なものになる。

そして，全米各州では次々に会社法が制定され，1870年代には，ほとんどの州で，会社設立に関する法律が整備された。19世紀後半になると，アメリカ企業の多くが株式会社形態となっていった。ただし，企業の株式の大半は家族によって所有されていたので，持分が公開市場で積極的に売買されることなく，株式会社といっても，実質はパートナーシップと変わらない。

ところが，19世紀末から20世紀にかけて，企業の合併と買収のブームが起こり，アメリカでは大企業が次々と誕生した。いわゆるビッグ・ビジネスの時代が到来したのである。

(3) 日本における株式会社の発展

日本における株式会社制度は明治維新の後に諸外国から導入された。江戸時代までは，会社形態の企業はほとんどなかった。合名会社や合資会社に類似す

る形態も，一族一家の事業という性格が強く，他人同士が出資をして1つの会社を設立し，その会社が主体となって事業を営むことは考えられていなかった。

　1868年の明治維新によって，日本は300年にわたる鎖国の眠りから目覚め，富国強兵・殖産興業をスローガンとして，近代化を強力に進めていった。欧米の先進技術が急速に導入されるが，株式会社の制度も輸入されることになった。なかでも渋沢栄一は会社の紹介・普及に努めただけでなく，自らも資本家として，第一国立銀行（現みずほ銀行）や東京海上保険，日本鉄道会社，日本郵船，大阪紡績など500社もの会社設立にかかわり活躍していた。

　日本における最初の株式会社とされるのは，1873年に設立された東京の第一国立銀行である。明治10年代には銀行のみならず，保険，鉄道，海運，紡績などを中心に会社が普及し始めた。東京海上（1879年），日本鉄道（1881年），大阪紡績（1882年），大阪商船（1884年）など，株式会社と呼ぶにふさわしい会社が設立された。

　ただし，一般会社法の整備は1890年に公布，1893年から施行された旧商法が最初である。それまでは特定の会社についての個別の法が準備されているだけであった。旧商法は有限責任についての明文化に加えて，免許主義以外は株式会社の基本原則がほぼ満たされるに至った。なお株式会社という用語は，この旧商法により初めて用いられたものである。そこで，合名・合資・株式の3つを会社として規定した。その後，1899年に公布・施行された新商法が，会社設立を免許主義から準則主義へと変え，事実上の自由化を行った。

(4) 20世紀のアメリカにおける株式会社の発展

　19世紀末から20世紀の初頭にかけて，アメリカにおいて第1次トラスト運動を通じ，巨大株式会社が誕生した。代表例として，USスチール，ゼネラル・エレクトリック（GE），ゼネラル・モーターズ（GM），AT＆T，デュポンなどを挙げられる。

　こうした巨大株式会社誕生の推進役は，モルガンに代表される金融資本家に率いられた投資銀行であった。彼らは自らの資金力のほかに，新株の発行に

よって，広く大衆から資金を調達していた。たとえば，AT＆Tは，当時50億ドルの資産と45万人の従業員を擁していたが，株主数は57万人に達し，最上位株主の持株比率は1％に過ぎなかった。

　こうして株式の所有が分散し，大衆株主が主体になったとき，株式会社の支配に大きな変化が生じた。バーリとミーンズが『近代株式会社と私有財産』（1932年）の中で，株式所有の分散化は，いかなる株主も株主総会の議決を支配するに足りるだけの株式を持てず，株式所有を自己の地位基盤としない専門経営者が，議決権代行機構を利用して，取締役を選出し，自らの後継者を決定するようになると主張した。

　さらに，経営史の代表的な学者チャンドラーは，『スケール・アンド・スコープ』（1990年）において，次のように分析している。「職能的および管理的スキルは，製品ごとに特有の性格を持っていた。このため，新たな組織体制が敷かれると，ミドルおよびトップの経営者は，一般に企業内から採用されることになった。外部から登用された者も，ほとんど全員が同じ産業での経験を有する者であった」。「経営者によってなされる重要な意思決定の数が増加したことは，所有と経営の分離をさらに進めた。これは株式所有の分散よりもはるかに大きな要因であった。非常勤の社外取締役が，企業の健全性や成長を持続させる長期的な投資決定のために必要な情報を得たり，それらについて広範な理解を得ることはほとんど不可能であった。その結果，アメリカ経済の主要部門は，経営者資本主義という制度の下で管理されるようになり，そこでは，企業の株式をほとんど持たない経営者が業務上および戦略上の意思決定を行った」。

　しかし，1950年代後半から株式所有の機関化が進行し始めた。機関投資家は通常，年金基金，投資信託ファンド，商業銀行の信託部門，保険会社などを指す。上場会社の発行済み株式総数のうち，機関投資家の保有比率は1955年の23％から1990年の53.3％へ急増した。

　1970年代頃までは，機関投資家は一般的に，ウォール・ストリート・ルール，つまり経営に不満のある会社経営に対して，積極的に発言するのではなく，その保有株式を売却するという暗黙のルールに従って行動していた。ところが，

1980年代に入って，敵対的な企業買収が急増した。経営者はこれに対抗し，自身の地位と利益を守るために様々な手法を考案した。しかし，これは株主の利益を損なうことになるため，株主対経営者，すなわち，どのようにすれば，株主が有効に経営者行動をチェックできるかが中心的な議論となり，つまり株主主権論が展開されることになったのである。

1990年代に入ると，公的年金基金を中心とする機関投資家が積極的に会社経営に介入し始めるようになる。年金基金の積極的な行動主義により，巨大株式会社の経営者が何人も解任され，数多くの株主提案がなされることになった。そのような株主の反乱により，所有と支配の分離が事実上終焉し，株主反革命が起こっているという主張すら現れてきた。

しかし，今日の主要株主としての年金基金は，多様な目的意識を持つ一般市民を加入者としているため，投資に対する収益は重視しつつも，環境問題・消費者問題・人権問題などにも関心を持っている。このため，年金基金のとる行動は，このような多様な利害関係者を背景にして，単純な利潤動機ではないことも認識しておく必要があろう。現代企業の経営者は積極的に社会的責任を果たさなければならないという制約を受けつつあるのである。

第3章

企業結合

1 企業結合の目的と類型

(1) 企業結合の目的

　企業結合は，独立的に機能している企業間の結合・集中である。企業結合には，緩やかなものから強いものまである。緩やかな結合は，環境変化に柔軟に対応でき，必要なときに結合し，必要がなくなれば解消することができる。一般的には，企業結合の主な目的は，競争の制限または排除，取引コストの削減，生産工程の合理化，支配力の強化などが挙げられる。

　企業結合は，現実には様々な状況の下，様々な目的や動機から実行されるものである。ここで一応の分類・整理を試みておこう。もちろん，実例においては複数の目的や動機が複合的に作用していることが多い。

　A．事業の水平的拡大。市場での競争力強化を目指して，競合関係にある同業他社との間で実施する。それにより，生産における規模の経済性を享受し，市場占有率を拡大して，競争を克服する。

　B．事業の垂直的拡大。製品の流れ工程の連続化を目指して，取引関係のある企業との間で実施する。それにより，製造と仕入れの一貫化，製造と販売との一貫化，付加価値の増大を図る。

　C．事業の多角化。異業種企業との間で実施する。それにより，リスクを業

種間で分散し，異分野への進出リスクと時間を最小化する。
D．技術革新。技術集約型企業との間で実施する。それにより，研究開発システムや先進技術を取得する。
E．特殊な目的。たとえば上場への準備として，規模基準を満たすために実施する。また乗っ取りの予防策として，財務体質強化のために友好的企業との間で実施する。
F．業績不振企業の救済。当該企業からの申し入れや，共通の大株主の仲介や金融機関の仲介を受け，必要を認めた場合に実施する。
G．業界再編成。当事者同士の自主調整や業界団体による調整，または行政指導によって行う。

(2) 企業結合の類型

　企業結合の類型には一般的には，カルテル，トラスト，コンツェルンなどが典型的な形態として取り上げられる。

　① カルテル
　カルテル（cartel）は，同一産業部門において，各企業が法人格上の独立的な地位を維持しながら，他の企業との間に，販売量・販売価格・販売地域・生産や取引条件・技術などに関わる互恵的な協定の締結を経て形成される結合形態である。
　カルテルには，口頭による紳士協定から契約や文書による協定，さらに生産物を独占的に買い上げ，参加企業が株主となって独占的に販売するシンジケートなどがある。
　紳士協定の具体的な一形態は談合である。一般に公共機関（国または地方）が物品を購入したり，公共工事を発注したりする場合には，原則として競争契約（一般競争入札または指名入札）によって決定する。そうした入札に当たって，参加する業者があらかじめ結託して，それぞれの応札価格を申し合わせ，落札者を仲間内で決めておく。そして，入札のたびに，業者間の持ち回りによ

る落札を画策して，競争による受注価格の下落を防ぐのである。

　カルテル行為は，公正で自由な競争促進の阻害要因に発展する場合がある。それゆえ，カルテル行為はたとえそれが紳士協定であろうとも，不当な取引制限または不公正な取引方法として，独占禁止法によって原則的に禁止されている。

② トラスト

　トラスト（trust）は，同一または関連産業部門内の複数企業が，資本関係を通して，各企業が実質的にその独立性や自主性を失って，1つの巨大な企業の下に合同する結合形態である。生産過剰や価格競争の抑制を目的として形成される。

　トラストは，同一産業部門内で生産または市場集中度を高め，独占的な支配を強化するために形成される水平型トラストと，同一産業部門内での生産から流通・販売までの各段階にある企業間で，技術的な合理化や中間コストの排除を目的として形成される垂直型トラストがある。トラストの代表的なものとして，後述のM＆Aがある。

③ コンツェルン

　コンツェルン（concern, Konzern）は，親会社の支配下に配置された複数の子会社が，法人格上の独立的な地位を維持しながら，多種多様な産業部門を支配することによって形成される。コンツェルンの構成企業が，法律的には独立しているが，全体的な調整や統一的な意思決定を図るために，独自性や自立性が制約されている。

　欧米では一般的な事業形態として利用されている持株会社は，傘下にある事業会社の経営戦略の立案に携わり，自らは事業を行わないのが特徴である。この制度は，比較的に少額の資本で大規模な事業会社を支配でき，また傘下企業の独立性を維持しながら，グループ全体の統一的な支配が可能な点などのメリットがあり，19世紀末以降アメリカにおいて急速に普及されていた。日本に

おけるコンツェルンの典型例としては，戦前の財閥本社とその傘下企業であろう。

2 日本における持株会社と経営統合

　戦前の日本では，三菱・三井・住友・安田に代表される財閥が，持株会社を利用して企業集団を形成していた。財閥の頂点に家族（同族）が位置し，それに完全に所有される財閥本社＝持株会社があり，財閥本社によって多角的に展開した会社群が所有・支配された。そして，財閥本社の傘下企業は，日本国内の基幹的な産業部門に主要な位置を占めていた。敗戦後，財閥は経済民主化政策の一環として解体された。さらにその復活を阻止するために，1947年に制定された独禁法9条によって，持株会社の設立が禁止された。

　しかし，1949年と1953年の独禁法改正によって，何らかの事業を営みながら，他社の株式所有・支配を行う「事業持株会社」の設立は容認されるようになった。そのため，多くの大企業は親会社となって，傘下に子会社を抱えるような「企業グループ」と呼ばれる形態になった。一方，純粋持株会社は禁止されたままであった。

　1990年代初めのバブル経済の崩壊と，その後の長引く不況のもと，純粋持株会社の解禁を求める声が強まった。業績不振に陥る企業が続出する情勢の中で，企業の競争力を高め，日本経済を活性化させる手段として，純粋持株会社に対する期待が高まった。特に大銀行をはじめとする金融機関は深刻な状況にあり，金融持株会社を設立することによる救済が緊急課題になっていた。また，株価下落により株式の持ち合いが崩れ始め，株主の安定化を維持していくための受け皿として，純粋持株会社の解禁が求められていた。

　さらに，経済のグローバル化が進む中で，国際的な法制との調和を進めるべきだという風潮も追い風となった。純粋持株会社は，1997年の法改正により解禁された。その後，企業組織再編法制の整備によって，持株会社を通じた経営統合が活発化している。

1999年になると，NTTやソフトバンク，大和証券などが親会社を純粋持株会社とする形態に移行した。NTTは新たに3つの子会社を設立し，NTTに属する営業を譲渡することにより，分社子会社管理型の純粋持株会社になった。

　2000年に入ると，複数の会社を結合させる手段として，純粋持株会社が利用され始めた。例えば，みずほホールディングスは，富士銀行・第一勧業銀行・日本興業銀行が共同して設立した持株会社である。このように純粋持株会社の下に，複数の会社が統合されることは，経営統合と呼ばれる。

　持株会社には2つの機能がある。1つは，企業グループの内部組織を再編する機能である。分社子会社管理型の組織再編の利点は，グループ全体の意思決定や監督業務に持株会社が専念できる，分社された事業会社の責任体制が明確になる，必要な事業を持株会社の傘下に加えたり，不要な事業を売却したりしやすくなる，などが挙げられる。

　もう1つの機能は，競合関係にある大企業同士が経営統合することによって，業界秩序を再編する機能である。このような大企業同士の統合は，生産のスケールメリットの享受，市場占有率の拡大，商圏の拡大，過当競争の克服などにより，市場の支配力を高める可能性が高い。また，事業分野の異なる企業同士が，純粋持株会社を通じて経営統合を行うケースもある。これにより，企業がそれぞれに新規事業を立ち上げるよりも，短期間で事業分野を拡大できる。さらに，純粋持株会社同士の統合によって，いっそうの規模・事業分野の拡大をもたらすケースもある。三菱東京フィナンシャル・グループとUFJホールディングスは合併して，三菱UFJフィナンシャル・グループに移行した。これにより，銀行・証券・信託・リース・消費者金融など複数の業態を傘下に置く総資産で世界最大規模の総合金融グループが誕生した。

　経営統合では，もとの会社を傘下の子会社として残せるため，組織を一体化する合併によって生じる摩擦が緩和されやすいから，経営統合は合併の代替として利用されることが増えている。また，純粋持株会社を合併の準備のために利用するケースもある。合併を前提にして純粋持株会社を設立し，設立してから合併までの間に，子会社の組織や人事制度などの調整を進められる。

経営統合の多くは，株式移転が利用されている。株式移転とは，1社あるいは複数の会社が，新たに親会社となる会社を設立し，保有する株式のすべてを新設会社に移転することにより，自らは子会社になる制度である。なお，株式交換とは，一方の会社が他方の会社の株主から，すべての株式を取得することによって，親会社となる制度である。会社分割とは，会社の事業の一部または全部を，他の会社に包括的に承継させる制度である。

3 日本の企業集団と企業系列

(1) 六大企業集団

戦後長期間にわたって形成・維持されてきた六大企業集団には，三菱系・三井系・住友系の旧財閥系企業集団と，芙蓉系・第一勧銀系・三和系の銀行系企業集団がある。その特徴としては，①社長会の結成，②株式相互持合，③メインバンクとしての都市銀行からの融資の受け入れ，④役員の派遣・兼任，⑤長期継続的な取引関係，を見て取ることができる。

企業集団内の企業は多方面にわたる協力関係が構築されており，それを可能にしたのは株式の相互所有という資本結合にある。特定企業の株式所有比率は高くないが，それぞれが安定株主となる。持合企業同士は，原則として株式の議決権を通じた経営参加を行わないため，各企業はその経営者に実質的に支配されていた。各企業集団は，主要企業の社長や会長によって構成される社長会を持ち，メンバー企業のトップ経営者の情報交換や親睦・交流の機会が定期的に催されてきた。

また，主要メンバー企業間で役員の相互派遣や兼任などにより人的関係も強めていた。都市銀行を中核とした金融機関が集団のメンバー企業に系列融資を展開してきた。

ところが，持株会社解禁後，銀行の経営統合や合併が相次いで行われた。その結果，企業集団の中核銀行が純粋持株会社の下で統合し，三井住友，三菱

UFJ，みずほという3つのフィナンシャル・グループに集約されている。銀行の統合により，企業集団の結合の基盤である株式の持ち合いは低下傾向にあり，また役員派遣などの人的な関係や取引関係も弱まる傾向にある。社長会についても，その中心的な役割は情報交換となっている。銀行の統合が企業集団に与える影響については，今後の展開を見ていく必要がある。

(2) **企業系列**

一方，戦後日本の大企業は高度成長期を通して生産の合理化を図るために，下請中小企業に経営資源を投入し，自社の傘下に組み入れることで系列関係を強化してきた。特に自動車と家電製品などの製造業は，社内部門間やグループ企業同士のすり合わせによるシナジー効果を追求してきた。日立製作所，東芝，松下電器産業（現Panasonic），ソニー，トヨタ自動車，新日鉄などは，多数の系列企業を編成している。

親会社は子会社の経営に影響力を行使できるため，子会社は親会社の経営計画に基づいて，生産計画を立てなければならない。親会社と子会社は，支配・従属の関係にある半面，支援・救援の関係を確保している。親会社がヒト・カネ・モノ・情報など経営資源を子会社に投入すること（人材派遣，株式取得，専属型取引）によって，両者の関係は強化される。

大企業が統制する取引の側面によって，①下請加工（生産）系列：製品加工工程の最終段階に位置する巨大な完成品メーカーが，部品メーカーを自分の傘下に収める，②配給（販売）系列：川上に位置する企業が川下の諸企業を自分の傘下に収める，③集荷（仕入）系列：流通や小売企業が諸メーカーを自分の傘下に収める，④融資系列：メインバンクが融資先企業を自分の傘下に収める，に分類される。

下請加工系列の典型例は，日本の自動車業界に見られる。トヨタ自動車などの完成車メーカーは，エンジンなどの最重要部品の製造以外，組み立て・塗装という仕上げ工程を担当するだけであり，部品はほとんど外注に出され，何段階にも工程分化された専業部品メーカーから供給されているのである。そして，

部品メーカーの多くは，それぞれが独立企業として存在しながらも，完成車メーカーの指示の下に生産を行う。この構造が日本の自動車メーカーの国際競争力を支えてきたのである。

　販売系列は，巨大メーカーが自社製品を扱う流通業者を傘下に収めるタイプと，巨大卸売業者である総合商社が小売業者を傘下に収めるタイプがある。値崩れを防止でき，顧客のニーズや苦情などを系列販売店から直接フィードバックでき，製品開発に有益な情報を収集できるのがメリットである。

　販売系列は家電メーカー，乗用車メーカー，石油元売会社（ガソリン販売），化粧品メーカーなどに典型的に見られる。具体的な例として，大手の総合家電メーカーが，小売電気店を傘下に収めて，東芝ストアやナショナルショップなどの名称でチェーン化していた。メーカーは系列小売店に対して，経営指導や売上に応じた報奨などの支援を提供している。もっとも，近年では，量販店の台頭が著しく，系列小売店経由のウェイトは減少傾向にある。

　仕入系列では，巨大流通企業が販売力を武器に，中小のメーカーを傘下に収め，場合によっては製品開発まで指導する。その典型は，大手スーパーが食品加工メーカーに自社ブランド（PB）で製造させるケースに見られる。イオンの「トップバリュ」がそれである。

　融資系列では，銀行は事業会社が万一経営難に陥ったときに支援を保証する代わりに，事業会社は金融取引を当該銀行に集中し，取引を長期にわたって継続する，いわゆるメインバンク制が定着したのである。

4　企業の合併と買収（M&A）

1　M&Aの概念とメリット

　M&Aとは，合併（Merger）と買収（Acquisition）のことである。合併の場合，2つ以上の企業が1つに統合されるため，法人格は1つにあるが，買収は対象企業を解体せずに，子会社や関連会社として管理する形をとる。

M&Aのメリットは基本的に2つある。1つは，自社が持っていない経営資源を速やかに外部から獲得することができる。すでに組織化された企業や事業を，そのまま取得できれば，時間と労力を省略できる。このように，M&Aは「時間を買う」ことになる。もう1つのメリットは，シナジー効果（相乗効果）である。統合することによって，これまで別々の企業同士であった場合よりも大きな価値を実現することが起こりうる。

M&Aを買収者の目的で大別すれば，ストラテジック・バイヤー（戦略的買収者）による買収とフィナンシャル・バイヤー（財務的買収者）による買収の2つに分類できる。前者による買収は，買収者が自身の事業上のメリットを目的とする買収であり，これに対して，後者による買収は，財務的利得を目的として行われる買収である。

(2) M&Aの形態

M&Aの形態は，水平型，垂直型，関連型，無関連型（コングロマリット型）などに分けられる。

① 水平型M&A

同一業種に属する企業同士によるM&Aであり，通常規模の拡大や設備の統廃合による経営の効率化が目的になる。

② 垂直型M&A

サプライチェーンの上流と下流の関係にある企業同士のM&Aである。目的は原材料調達・製造・物流・販売の一貫体制の確立と効率化である。

③ 関連型M&A

自社の既存事業に関連する企業とのM&Aである。事業強化のために必要な技術・ノウハウの獲得や，本業に相乗効果のある新規事業の取り込みなどが目的である。

④ 無関連型M&A

　事業の関連性が全くない企業とのM&Aであり，既存事業とのシナジー効果は期待できないが，多角化による売上変動リスクの低減や企業規模の拡大が図られる。

⑤ MBO（Management Buy-Out）

　経営陣が自社の株式を取得して買収することである。これによってサラリーマン経営者がオーナー経営者になり，これまでの経営方針や雇用も継続される。通常の場合，子会社の幹部が親会社から株式を取得したり，社内の一事業部門の部門長などが会社からその事業部門を買収したりする方法で行われる。公開会社がMBOを行う場合，非公開化を伴う。非公開化（going private）によって，上場やIRに要する各種費用を削減するとともに，長期的な視野で企業の再構築を進めることができる。経営陣のみでは資金調達力に限界があるため，LBOの手法と組み合わせて実行されることが多い。

⑥ EBO（Employee Buy-Out）

　企業の従業員が，自社の株式を取得し，会社や事業部門などを買収する行為である。後継者のない中小企業が事業承継をする際によく用いられる方法であり，事業のことを最もよく知る従業員が事業承継することで円滑に引き継ぐことができる。また，規模の大きい企業でEBOを実施するのは企業が経営破綻に陥った場合に見られ，投資ファンドなどが企業再生のために出資に参加し，現経営陣を一掃して，従業員の中から経営陣を抜擢する。

(3) M&Aの手法

① 合　併

　吸収合併と新設合併がある。吸収合併は，一方の会社が他方の会社を吸収合併し，吸収する側の会社の法人格が残り，吸収される側の会社の法人格は消滅する。このとき，消滅会社の株主は株式の交換手続きを経て，存続会社の株主

となる。この株式の交換比率が合併比率であり，合併比率は基本的に，2社の株価を基準に決定される。新設合併では，新たに会社を設立し，合併するすべての会社が新設会社に吸収され，元の会社はすべて消滅する。実際には，手続きの簡便さなどから，吸収合併がほとんどである。

② 買　収

　対象企業の株式を買い集める。株式取得は，既発行株式の取得と新規発行株式の引受に分けられる。新規発行株式の引受は，対象企業が第三者割当で発行する株式を引き受けることである。割当先は対象企業の取締役会が決定するため，友好的な買収の場合に利用される手法である。

　ちなみに，相手の合意のうえで行われるのは友好的買収といい，一方，相手企業の反対を押し切って市場での買い集めを強行するのは敵対的買収という。

　既発行株式の取得手法として，まず株式市場での買い集めがある。ただし，買い集めの途中で価格が急騰して発覚しやすいことから，この手法だけで公開会社を買収することは困難である。次に相対取引による買い集めがある。これは株式市場を通さずに，対象企業の株主と個別に交渉するなどして取得する手法である。

　市場で大量の株式を買い集める必要が生じる場合，制度的に認められた方法に株式公開買付け（TOB）がある。TOBは，相手企業の株式を買い集める旨を新聞などで公に宣言し，買付け条件（価格・数量・期間など）を提示して，広く不特定多数の株主から買い取りを図る方法である。

　日本では1971年にこの制度が法的に整備されたが，その後20年近くにわたりほとんど利用されることがなかった。1990年の制度改正に伴い変化が生じ，特に1996年以降は急増している（**図表3-1**）。

　このほかに，「株式交換」がある。これは自社の株式を用いて，対象企業の全株式を買い取る手法である。実際に，大部分の株式をTOBで確保した後，残りの株式を株式交換で取得することが多い。

図表3-1　日本におけるTOB件数の推移

年	1996	1999	2002	2005	2007	2009	2011	2013
件数	6	19	28	53	102	79	58	57

出所：MARR Onlineのデータより作成。

(4) M&A後の統合

　M&Aで獲得した事業組織を自社に有機的に統合して，効果的に機能させなければ，当初期待した戦略上の目標を実現できない。M&A後の統合を実施するうえで考慮すべき主な点は，組織統合の方法，人事制度の融合，情報システムの統合である。

　組織統合の方法には3つが考えられる。1つ目は取得した組織にほとんど手加えずに，持株会社による子会社の形態で，自社の既存組織と並列させる。2つ目は，取得した組織を自社の既存組織に合わせて貼り付ける方法である。取得した事業組織はバラバラに解体されるため，その有機的に結合された組織としての価値は消失しやすい。3つ目は，両社どちらの組織にも依拠せず，新たな組織を編成する方法である。そのような組織の編成・定着・実働化のための時間とコストが大きくなりやすい。

　買収企業と被買収企業の人事制度は通常異なっており，人事制度の融合は適切に進めなければ，両社のそれまでの優秀な人材が不満を感じて流出する危険がある。人材の選抜・定着・代謝から対処する必要があり，それまで築かれた組織文化にも配慮することが求められる。

　買収企業と被買収企業の情報システムは異なっているのが通例であり，買収後，まず現状のシステムの調査・分析を行い，次に統合後のシステム計画の立案を行ったうえで推進する必要がある。

(5) 日本企業のM&A

　第2次世界大戦前に，日本の財閥が成長する過程で，他社を次々と買収し，事業範囲や規模を拡大していった。

第 3 章　企業結合

　1960年代後半から1970年代初頭にかけて，スケールメリットのための水平型合併が多かった。背景としては，1967年以降の資本自由化に際して，外資脅威論が高まり，日本企業は国際競争力の強化のために，業界内の大企業同士の合併が行われた。1966年には日産自動車とプリンス自動車が合併し，1970年に富士製鉄と八幡製鉄が合併して新日本製鉄が誕生した。

　1980年代後半のバブル経済時代の日本企業のM&Aの特徴は多角化と海外進出のための買収であり，国境を越えたM&A（IN-OUT）であった。急激な円高・株高を背景に，日本企業はカネ余りになり，アメリカの有力な関連業種企業を多数買収した。ソニーによるコロンビア，松下電器産業によるMCAの買収，三菱地所によるロックフェラーの買収，そしてブリヂストンによるファイアストンの買収が典型例である。しかし，この頃の米国企業の買収の多くは期待通りの成果を生まずに終わった。買収先の経営をコントロールできず，高値買いによる業績悪化が最大の理由であった。

　バブル崩壊後の長期不況を背景として，企業のリストラや業界再編に伴い，「選択と集中」のための事業再編型M&Aが多くなり，事業部門の売却や分社・分割が多数行われた。非中核事業の売却・分割が進められ，大企業同士の経営統合（IN-IN）も行われた。さらに外国資本による日本の大企業買収（OUT-IN）も目立った。

　2005年頃からは事業再構築の取り組みが一段落し，「グローバル競争優位」のためのM&A，大型買収や海外買収（IN-OUT）が目立つようになった。すなわち，国内経済の縮小を背景に，世界市場で勝つための戦略的M&Aであり，敵対的な買収も厭わない動きが見られた。一方，アジア企業による日本企業のM&A（OUT-IN）もこの時期に増加している。

　2006年には，ソフトバンクがLBO手法を活用して，1兆7,500億円（日本企業の買収としては過去最高値）で英国通信会社の日本法人ボーダフォン社を買収した。

　また，金融グループの再編をはじめ，IT新興企業の成長期待に乗った高株価を前提にしたネット企業間や他事業との買収が盛んに起こり，件数は急増し

第Ⅰ部　企業の形態と統合

図表3-2　1985年以降のマーケット別M&A件数の推移

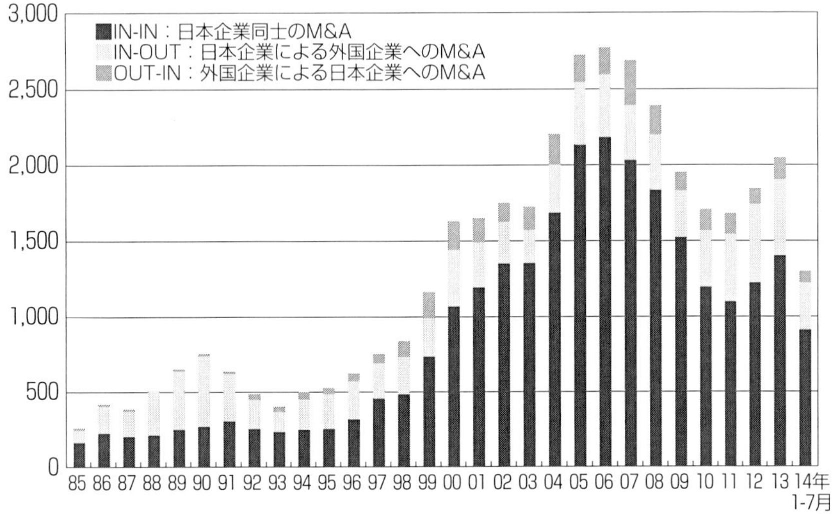

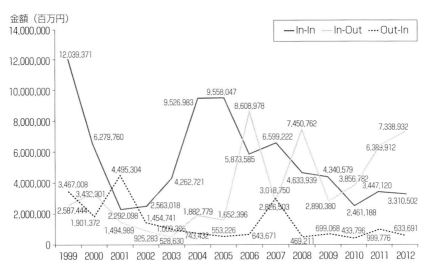

出所：MARR Online（http://www.marr.jp/mainfo/graph/）より引用。

図表3-3　1999年以降のマーケット別M&A金額の推移

出所：MARR Onlineのデータより作成。

た。企業の組織再編法制（企業分割，株式交換，株式移転，株式分割）を活用した日本企業同士の買収（IN-IN），つまり日本国内の産業内での構造変革による買収が増加した。

　2008年のリーマンショックの影響を受けて，M&A件数は2010年頃に収束しているが，世界市場での勝ち残りをかけた本格的な海外大型買収（IN-OUT）が増加している。とりわけ2013年以降，M&Aは他社の経営資源を取り込んで事業の拡大スピードを一気に上げるための「時間を買う」戦略として，事業構造の見直しや海外拡大の有力な手段になっている。

　従来，日本企業の成長戦略において，グローバル化の推進を重視しつつも，海外事業は自前で展開していくことが主流となっていた。したがって，M&Aの活用方法も，海外市場における事業の土台作りを目的としたものにとどまっていた。ところが，ここ数年のIn-Out案件の特徴としては，ただ単にグローバル化を推進することにとどまらず，グローバル市場において優位な地位を奪取することを目的とした積極的な成長戦略に転換してきていることが挙げられる。

　主なIn-Out案件の買収対象業種は，通信・医薬・金融・サービス・電機・商社・食品等と多岐にわたっているが，いずれも欧米企業に対する大規模な買収となっている。世界戦略に向けた企業買収は，これからも頻繁に発生すると予測できる。

5　企業の戦略提携

(1)　戦略提携の目的

　戦略提携（strategic alliance）とは，独立した複数の企業が競争優位を築くために，互いの経営資源や能力などを共有し，継続的に協調関係に入ることを意味する。提携の方式は多種多様であり，広義の提携は，技術移転，製品ライセンス供与，R&D協力，ジョイントベンチャー，マーケティング協調といった幅広い形態を含んだ概念として捉えられる場合が多い。

一方，戦略提携はパートナー間の組織単位でのトータルなコミットメントというより，むしろある特定の目的に向かって結んだ協調関係であると理解される。極端な場合，たとえば，ある特定の技術や製品に関する限り協調するが，その他のところでは競争関係にあるという場合も生じる。

　企業はなぜ提携するのか。①相手と組むことにより，自分にない経営資源を相手より確保・補塡する。これは製品の供給における取引コストを最小限にとどめる効果を発揮する。②相手との共同研究開発などを通じた相互学習を通じ，相手側のベスト・プラクティス等を学習したり新たな能力を構築する。③相手と組むことにより，相手の持つ市場や事業セグメントに参入する。これには相手企業が長年にわたり築き上げてきた評判なども含む。

　したがって，一般的に，戦略提携の目的は，新たな市場の開発，新たな地域への参入，リスクの共有化，規模の経済の活用，研究開発コストの共有，新たな標準の設定，能力の有効活用，スピード，学習などに整理できる。

　提携の基本的な目標は，両者の能力を結合させることにある。自社はよい製品を作るが，流通網はB社が優れているのであれば，B社と販売提携を結ぶのがよい。自社はブランドを持っているが，C社のほうが低コストで生産する能力を持っているのであれば，C社からOEM供給を受けるほうがよい。このように，すべてを社内でするのではなく，他社と提携してそれらの持つ能力を自社の能力と結合させることにより，生産・販売・イノベーションなどを効率化するのが有利である。

　戦略提携のマイナス面としては，自社技術を公開し提供せざるをえない点，コアとなる技術に関する戦略的統制が独自の判断で利かなくなる点，提携相手と市場が重複する可能性，意思決定が統一されない可能性，利益を共有せざるをえない点などが挙げられる。

(2)　戦略提携の形成過程と管理

　戦略の策定から実施に至る様々な過程を検討する必要がある。まず，パートナー探しにおいては，目的と能力のマッチングが重要となる。地域・技術・能

力・製品などの相互補完性，トップ同士の経営理念や価値観の類似性，両社の戦略の同一方向性，潜在的パートナーの持つ価値，競合他社との差別化の程度，相手の能力の模倣不可能性，能力の応用可能性，相手の適正規模，コントロールの容易さ，などの基準がパートナー選びの際に考慮されなければならない。

次に，締結交渉のときには，双方の役割を明確に規定・分担し，ガバナンスの構造を設計することが重要である。スタートアップ時に，適切な投資とパートナー間における信頼関係の醸成が重要である。オペレーション段階においては，双方がお互いに貢献し合い，また相手の能力を吸収することが重要である。

最後に，調整段階では，環境の変化を迅速かつ正確に察知し，必要に応じて再交渉することが重要となる。また，必要に応じて，提携の解消に踏み切ることも重要な選択肢の1つである。

成功している戦略提携は，どれも時間とともに進化しており，学習・再評価・再調整のサイクルを相互に展開している。それに比べ，失敗している戦略提携は，初期の惰性がとても強く，学習が乏しくて，再評価・再調整が機能していないケースが多い。当初は完璧に思えた関係も，いざ戦略提携関係に入ってみると，それまで気がつかなかった側面も出てくる。また，初期条件が環境変化などにより，大きく変化してしまうことも決して珍しくない。

戦略提携のマネジメントは極めて難しく，失敗例も多い。次の要因が挙げられよう。①パートナー間の企業風土があまりにも違ったため，その調整が困難であった。②合意が破綻した。③提携はもはやパートナーの目的・戦略に適合しなくなった。④財務的問題が生じた。⑤提携が当初の目的を達成した。

これらの提携終結の要因をもとに，提携の締結の際には，以下の点に留意すべきであろう。①パートナーについてよく知る。②提携相手の国についてよく知る（相手が外国の企業の場合）。③提携関係に入る前に，キツイ質問を投げかける。④必要に応じては交渉から退席することも辞さない。⑤パートナーとの個人的関係が重要である。

また，提携相手が機会主義的な行動を防止するためには，提携相手の業務実施状況をお互いに監視（モニタリング）する必要がある。定期的に情報交換し

たり，提携先を訪問するなどして，進捗状況を評価することが欠かせない。また，定期的な契約見直しによって，場合によっては提携の解消あるいは提携先の変更の余地を残しておく。すなわち，自社の戦略や競争環境に応じて，提携関係をフレキシブルに再編成し，あるいは解消することが必要である。

　21世紀に入ってから新興国経済が成長し，先進国を含めて市場が多様化し，これに対応する製品を迅速に供給することが求められている。また，顧客のニーズが複雑かつ高度になり，しかもその変化は速く，製品アーキテクチャを大きく変革する次世代技術を生み出すコストは巨額に上るが，これを回収できない可能性もあり，リスクは大きい。

　グローバル市場で競争優位を確立・維持するためには，世界中の優れた企業との戦略提携を欠くことはできない。提携の活用は今後の企業にとって大きな課題である。

第4章

企業統治

1 企業統治の概念と目的

(1) 企業統治の概念

　1990年代に入ってから，欧米だけでなく，日本においても企業統治（コーポレート・ガバナンス）の問題が取り上げられるようになってきた。企業統治の基本的な問題は，①企業の経営者を誰がいかにして任免するか，②経営者の任免権を持つ人々はどのような責任を負うか，③適切な経営が行われるように経営者をいかに誘導・牽制するか，である。

　つまり，企業統治の内容は，企業は誰のものか，誰のために存在するのかと，企業経営者をどのように監視・評価・コントロールするかという問題が焦点である。

　このほかにも，企業統治はどのような範囲の人々を将来の経営者の候補群とするか，彼らをいかにして養成するか，またトップレベルの重大な意思決定をいかにして行うべきか，取締役会の構成をどのようにすべきか，という問題にも深く関わる。

(2) 株式会社制度と企業統治

　企業統治がどのような形で行われるかは，企業形態や制度によって異なって

くる。個人企業，合名会社や合資会社において，経営者は所有者であり，経営に当たる所有者が無限責任を負っている。こうした無限責任の下では，適切な経営に向かわせる圧力が存在しているため，企業統治はそれほど深刻な問題とならない。

　企業統治に関する議論は，株式会社という会社制度の出現と同じく古い。株式会社は多くの人々から出資を募ることができ，それをもとに大規模な事業を手掛けることが可能になった。しかし，全株主の有限責任制は，企業統治に関して深刻な問題を生み出すこととなった。企業に関わりを持たず，配当と株価にのみ興味を示す株主が出現したのである。

　株式会社が現れた最初の頃は，うさん臭い制度とみなされていた。たとえば，アダム・スミスは1776年に著された『国富論』で，株式会社に対して極めて懐疑的な見方をしていた。彼は株式会社の限界として，企業に対する株主と経営者双方の無責任があると指摘している。

　彼によれば，大部分の株主は会社の事業について何かを知ろうとすることはめったになく，配当を半年ごとか1年ごとに受け取るだけで満足する。苦労がなく，リスクも限られたので，パートナーシップであれば自分の資産を危険にさらそうと考えない人が株式会社の株主になっている。また，企業の取締役は自分の資金ではなく，他人の財産を管理しているので，経営には怠慢と浪費が多かれ少なかれ必ず蔓延する。彼は当時の銀行や運河などの日常的・反復的な意思決定しか行われない分野に，株式会社を限定するべきと主張していた。

　アダム・スミスの主張から約70年後に，J.S.ミルも株式会社に対して否定的な評価を下した。ただしミルは，株式会社制度によって，経営者が資産家である必要がなくなり，経営者候補をより広い社会階層から選抜し，優秀な人材を経営者とすることができるというメリットを肯定した。

　しかし，このメリットも企業統治に関して，複雑な問題を生み出すこととなった。選抜された経営者はオーナーほどの熱心さで企業経営に取り組まないかもしれない。あるいは株主の犠牲の下で，自らの利益を図るという行為が出てくるかもしれない。その後，様々な制度づくりによって，経営者の無責任を

解消する方法は改善されていった。

　まず，株式会社制度の下では，統治の最終的な主権者は株主であるが，企業経営に関心を持たず，経営に関わりたくないと考えている株主が多数を占める場合には，株主が直接民主主義によって重要な決定に参画すれば，無責任な決定が下される恐れがある。この問題を解決するために，株主総会で取締役を任命し，彼らに経営者の選任・解任を含めた監視を任せるという一種の間接民主主義制度が生み出された。ただしその結果，株主総会が形骸化する危険は常に存在している。

　次に，経営者の誘導と牽制のための制度が案出された。会社の経営状態を開示する制度（ディスクロージャー），公認会計士などの公的な監査制度，経営者を監督・評価し報酬を決定する制度，経営者と株主の利益を一致させるためのストックオプション制度などである。しかし，このような制度は，株式会社の欠陥が深刻化するのを防ぐものでしかなく，欠陥を根本的に取り除くものではない。

　さらに，経営者には大きな権力が与えられて，尊敬される職業であるという社会的認識が醸成された。それゆえに一定の倫理的な規範に従って行動する人々であるべきと，経営者が自らの行動を律する社会的圧力を受けるようになった。このような社会規範は強制力としては弱いが，制度や慣行の欠陥を補う要素としては重要である。

(3)　コーポレート・ガバナンスの必要性

　企業は一族経営などに見られるような所有者自身が経営しているときに，ガバナンスの必要性は存在しなかった。しかし，巨額の資本を必要とする近代産業の登場とともに，企業の所有者と経営者の分離が始まる。巨額の資本を外部から調達するためには，「株式」という小口の出資単位を用いて，社会から幅広く資金調達する必要が出てきたのである。当然，出資者は極めて多数になり，しかも広範囲に散在することになった。その結果，所有者自身が経営を行うことは事実上不可能となり，専門の経営者に株主の代理人として会社を経営させ

る,「所有と経営の分離」という状態が生まれたのである。

　ここで1つの問題が発生する。経営者はあくまで株主の代理人（エージェント）にすぎないが，経営者が株主の意思を反映した経営を行うとは限らない，いわゆるエージェンシー問題である。このエージェンシー問題こそが，コーポレート・ガバナンスの必要性の源泉となっている。

　つまり，株主が少数かつ特定化された存在である非公開の株式会社においては，株主が経営に対して直接・間接の「発言」をすることが可能である。これに対して，上場会社においては，株主は多数かつ不特定の存在となり，株主と経営者の距離は格段に広がる。

　そのため，株主の利益が侵害されることがないよう，経営の動向を監視する必要がある。株主総会は制度上，最高議決機関として位置づけられているが，専門知識がなくまた適時に企業の情報を入手できない株主にとって，取締役の監督は困難である。

　株主と経営者の利害は必ずしも一致しないため，経営者は，株主の利益に適う経営の努力を怠るかもしれない。あるいは意図的に株主の利益に反する経営を行うかもしれない。本来株主に還元すべき利益でオフィスを贅沢に飾ったり，接待費として支出する。また，自らの名声を高めるために，不必要に多くの従業員を雇ったり，立派な本社ビルを建設したりするかもしれない。最悪の場合，赤字であるにもかかわらず，自らの地位を維持するために，経理部門に粉飾決算を指示するかもしれない。

　このような経営規律の低下とその結果としての経営効率の低下が，エージェンシーコスト（agency cost）と呼ばれる。このような経営者の非倫理的で非効率な行動を事前に抑制するために，経営者を統治する方法が必要となる。方法は多様にあるが，基本的には株主と経営者との間の情報の非対称性を緩和したり，両者の利害を一致させるものである。

　情報の非対称性を緩和する方法は，基本的に会計制度の問題か，情報開示をめぐる制度の問題が中心となる。これに対して，利害を一致させる方法は，法的な問題もあるが，論理的に2つの方法が考えられる。

1つは，株主が何らかの制度を利用して，経営者をモニタリングして統治する方法であり，もう1つは，株主が何らかの制度を利用して，経営者を所有者化する形で，インセンティブを与え，経営者に自己統治（self-governance）させる方法である。前者はモニタリング・システム，後者はインセンティブ・システムと呼ばれる。

2 株式所有構造の変化と企業支配

(1) 資本家の時代

　株式会社は基本的に，出資者である株主が会社の所有者であり支配者となるように作り上げられた企業形態である。歴史的に見て，大企業を支配してきたのは大株主である資本家であった。19世紀から20世紀にかけて，アメリカではカーネギー，ロックフェラー，モルガンといった人々が，成功した企業家であり著名な大資本家であった。

　日本でも明治期から昭和初期まで，たとえば岩崎弥太郎，安田善次郎，大倉喜八郎といった企業家は資本家であった。支配者として会社に君臨したのは，まさにこうした一握りの資本家であった。

　このような資本家にとって，企業はまさに私有財産そのものであり，そこから得られた利潤はすべて資本家のものとして好きなように処分することができた。企業は最大限利潤を追求し，獲得した利潤をできるだけ株主に還元するように行動する。企業とは，株主にとっての致富手段なのである。これが株主主権の考え方であり，伝統的な株式会社観であった。

(2) 経営者支配の時代

　しかしその後，大規模化した株式会社は新たな姿を現してきた。1932年に発行されたバーリとミーンズの『近代株式会社と私有財産』が，1929年時点の米国の大企業上位200社の株式所有構造を分析し，それらを所有し支配していた

のは一体誰なのかを鋭く問うた。バーリとミーンズが実証研究を通じて，それまで誰もが当然のこととして信じて疑わなかった会社を所有・支配するのは大株主であるという通説を退け，巨大株式会社においては所有者支配ではなく，経営者支配となっていると主張した。

　バーリとミーンズは会社支配のタイプを，完全所有支配，過半数所有支配，少数所有支配，そして経営者支配に分けてみると，200社のうち44％が経営者支配になっていたと指摘した。

　会社の規模が小さなときは，所有者が支配者であり，また経営者でもある。この時点では，所有・経営・支配は同一人物が担っている。しかし，会社の規模が次第に大きくなると，経営の内容が高度化・複雑化していき，高度で専門的な知識や情報を持った専門経営者が台頭してくるようになる。これを「所有と経営の分離」という。

　企業の大規模化は経営の高度化・複雑化を進展させると同時に，株式所有構造の変化，すなわち株式の分散化をもたらした。資本調達のために新株を発行し，それらは市場で売却されて広く一般投資家の手に渡って，株式が広範に分散していく。分散化が進めば，それまで圧倒的な大株主の保有比率が低下していって，株主総会で支配権を掌握できるような大株主がいなくなり，代わって大多数の株主の委任状を獲得できる地位にある専門経営者が，会社の実質的な支配者になるのである。これを「所有と支配の分離」という。

　経営者支配の状態下では，株主が企業経営に及ぼしてきた監視のメカニズムが機能不全に陥り，経営者は株主の利益から離れて，自己の利益を追求するようになる。株主は制度上，会社経営に不満を持つ場合には，株主総会の投票で取締役を解任することができる。

　しかし，株主の多くは，経営それ自体よりも，利益の配当に関心を払うに過ぎない。こうした株主を説得し，委任状を集めるには膨大なコストが発生するとされた。また，仮に株主が今の経営者の判断に不満を持ったとしても，交代できるだけの能力を持った新たな経営者を探し出すことは困難である。

⑶　機関所有の台頭

　しかし，アメリカでも日本でも，確かに大企業の株式所有はいったん分散したにもかかわらず，その後集中に転じたことが，その後の調査から明らかになった。果たしてこの所有状況をもって，大企業の支配構造が再び大株主支配に引き戻されたと理解すべきなのであろうか。

　大株主として登場したのは，実はかつてのような個人資本家ではなく，機関（institution）であった。具体的には銀行・生保・損保などの金融機関，各種産業会社，年金基金，官公庁などの公機関である。この状況は従来のように，株式を人間が所有していた個人所有に対して，機関所有と呼ばれる。

　機関所有への集中化を引き起こした理由として，第1に，個人と比較して機関は圧倒的に豊富な資金を有していること，第2に，相続税と累進課税の負担が大きいため，個人投資家が半永久的に大株主であり続けることは実際上困難であることに対して，機関は寿命がなく，半永久的な所有が可能であること，第3に，日本では銀行や産業会社が互いに株式を持ち合って安定株主になっていること，などが指摘されている。

　ここで問題なのは，機関所有の増大が，大企業の支配にいかなる影響を与えたのかである。多くの日本の大企業の所有状況を見ると，大株主名簿の中に個人の名前を見出すことはできず，銀行，信託，生保といった金融機関を中心にした所有の機関化が一般的に見られる。

　このような大企業を動かしていけるのは，高度な能力をもった専門経営者以外にはない。現在，トヨタ自動車における豊田家の株式所有比率は2％程度，現在の社長豊田章男氏の個人持株比率は0.13％だといわれているが，それでも主に創業者一族の中から経営者を出してきた理由は，何よりも同族内に経営を遂行できる能力を持った人物がいて，創業者一族出身の経営者を前面に立てて，グループ内での求心力を高めていくことが期待されたと見てよかろう。

　逆に，創業者一族から経営者を出せなくなったとき，企業としては経営能力を持った人材を登用する以外に道はない。実際に，松下電器（現Panasonic），

図表4-1　退任社長と後任社長の出身

退任社長は↓　後任社長は→	従業員	創業者一族	外部	合計
従業員	351	8	16	375
創業者一族	17	5	4	26
外部	33	3	24	60
合計	401	16	44	461

注：対象は日経225に含まれている企業から金融・電気・ガス企業を除いた企業であり，1992年から2006年の社長交代を示している。
出所：久保克行（2010）『コーポレート・ガバナンス』91頁より作成。

ソニー，本田技研といった企業が短期間に，創業者から専門経営者への推移を辿ってきた。専門経営者はサラリーマン経営者と呼ばれる。

日本の大企業経営者の出身を見ると，官僚からの天下りや親会社からの派遣，同族出身者といったケースもあるものの，最も一般的なのは，社内出身者の登用である。現経営者が次期経営者を任命することが一般的である。新卒で入社して社内で実力を認められることで，出世した従業員が最終的に役員や社長になるというのが，平均的な姿といってよかろう（**図表4-1**）。

3　多様な企業統治

(1)　アングロサクソン型とライン型企業統治

企業統治に関しては多様な制度と思想がある。米英では，株主中心の企業統治を望ましいものと位置づけ，それに合わせた統治制度が構築されてきており，そこでは株式市場の果たす役割が大きい。株式市場は，単に株式が売買される場であるだけでなく，会社の所有権が売買される場でもある。

株主の意向を無視して経営する会社の株価は低く評されるため，このような会社の株式を市場で買い集め，株主の利益を尊重する経営者に交代させることによって，株主は富を増大させることができる。このような企業統治が観察さ

図表4-2　アングロサクソン型とライン型企業統治の特徴

アングロサクソン型	ライン型
① 株主利益を大切にすれば，労働者の利益にもなるという思想	① 労働者の利益を守れば，株主利益にもなるという思想
② 資本市場を中心とした株主主導の統治	② 銀行を防波堤に，株主の影響力から会社を守る
③ 流動的労働市場	③ 長期雇用

出所：加護野忠男 他（2010）『コーポレート・ガバナンスの経営学』65頁を参考にして作成。

図表4-3　会社は誰のために存在するか（経営者の回答）

国　名	標本数	全利害関係者のため	株主のため
米　国	82	24.4%	75.6%
英　国	78	29.5%	70.5%
日　本	68	97.1%	2.9%
ドイツ	110	82.7%	17.3%
フランス	50	78.0%	22.0%

出所：加護野忠男 他（2010）『コーポレート・ガバナンスの経営学』66頁を参考にして作成。

れた諸国を「アングロサクソン型資本主義」と呼び，これとは異なった企業統治の制度と思想を育んできた国々は「ライン型資本主義」と呼ばれることがある（図表4-2）。

　ライン型では，会社は労使の共同体と捉え，その典型とされてきたのがドイツであった。ドイツでは，労使共同決定の制度が作り上げられてきた。日本の法制度はアングロサクソン型に近いが，日本企業にはライン型の思想が色濃い。株主持合を通じて株主の影響力を排除してきたことで，株式市場が会社支配権の売買の市場として機能することはなく，日本型の企業統治の慣行を作り出せたのである。

　図表4-3は「会社は誰のために存在するか」に対する米・英・日・独・仏の5カ国の経営者を対象にしたアンケート調査結果を示している。回答を見ると，米英では株主中心の考え方が強く現れている。一方，日本の経営者は全く逆の傾向を示しているが，ドイツとフランスも日本に近い考え方を見せている。

(2) 米国企業統治の特徴

 まず，伝統的に個人の株式所有比率が高く，金融機関の所有比率が低い。1950年代以降には，年金基金に代表される機関投資家の比率が急増した。1990年代に入ると，機関投資家の株式保有が個人のそれを超える状態になった。

 次に米国の典型的会社機関は，株主総会と取締役会であり，監査役会を持たない。株主総会は多くの場合，お祭り的な色合いが濃く，形骸化しているとの指摘が少なくない。機関投資家は総会前に，議決権行使書を送付済みであり，総会に参加することは基本的になかった。彼らは総会以外の場で，経営者と直接的なコンタクトを取ることに熱心になってきた。

 多くの大企業では，経営者が株主の利益を目指して経営を行うように誘導する様々な制度が導入されてきた。高額な給与に加えて，ストックオプションの付与が普及された。

 株主の意向に沿わない企業経営を行った場合には，株価が会社の潜在的な価値よりも低くなってしまい，会社は敵対的に買収され，現在の経営者が解任されることになる。そのため，自らの地位を保持しようとする経営者は，株価はどうしても無視できない指標となったのである。こうした株式市場による統治は「ウォール・ストリート・ルール」と呼ばれ，投資先企業の経営に関して不満があれば，その企業の株式を売却することで不満は解消され，投資家の意見は株式市場を通して間接的に経営者に伝えるのである。

 1990年代以降，投資家による経営者に対する監視活動の高まりが見られ，これは「株主行動主義」と呼ばれている。背景にあったのは，株式保有数の増加に伴って，市場での売却が困難になったことである。機関投資家は投資先企業に対するサイレント・パートナー（物言わぬ安定株主）の関係ではいられなくなり，議決権行使を行い，株主として企業経営に関わりを持つように出てきた。

 米国企業において，取締役会の主導により経営者の更迭が行われた事例が少なくない。たとえば，1992年にゼネラル・モーターズ（GM）の会長兼CEO（最高経営責任者）が解任され，アップルコンピュータやIBMなどでも，取締

役会による経営トップの更迭が断行されていた。

　米国企業の経営者は企業内部から選ばれる場合もあれば，外部の経営者市場からスカウトされることも少なくない。実績のある優秀な経営者を高給で引き抜く行為は，非難されるものではなく，日常的なものと認識されてきている。

　米国企業の取締役会には，社外取締役が多く含まれてきた。1956年に，ニューヨーク証券取引所は上場基準で，2名以上の社外取締役の設置を義務づけた。近年，社外取締役の比率は高まってきている。取締役会がその下部機関として，いくつかの委員会を設置している。これら委員会が取締役会自体を監視したり，サポートしたりする。委員会数に制限はないが，社外取締役のみで構成されることが望ましいとされてきたのが，指名・監査・報酬の3委員会である。

　米国型企業統治の仕組みは，次のような長所を持ってきた。①制度としての透明性が高い。②経営者に対する各種の牽制が強い。③経営者の登用において社外の人材までも候補者になる。④ドラスティックな改革を断行できる。

　他方，株主の意向を重視するあまり，短期志向の経営に向かいがちという短所が言われてきた。短期的な利益を追求する株主の圧力が，経営陣交代を迫る最大の要素である。また，人員削減を伴うドラスティックな改革を断行しやすいため，会社内の一体感が失われ，経営者と従業員の間に，敵対的な関係を生み出してしまうという問題も指摘されている。

(3) ドイツ企業統治の特徴

　ライン型の本家とされるドイツでは，事業会社と銀行の結びつきに顕著なものがあった。伝統的にドイツでは直接金融よりも，銀行融資つまり間接金融が優位な立場にあった。事業会社の資金調達のあらゆる側面に関与し，加えて株式保有によって長期的関係が担保された銀行を，「ハウスバンク」と呼んできた。

　ドイツの銀行は商業銀行・証券会社・信託銀行のすべての機能を一括して営むユニバーサルバンクであった。最大の融資残高を持つだけでなく，証券の引

き受けも担当できるほど，日本のメインバンク以上に企業との絆が太かった。また，銀行は自身の持株の議決権，銀行系投資会社の持株の議決権，そして顧客から預託された株式の議決権を手中にしており，相当に支配的な大株主の立場にあった。

　カネの面のみならず，ヒトの面での絆も太いものがあった。日本の取締役会に相当するのは「監査役会」と訳されるAufsichtsratであって，経営執行機関は「取締役会」あるいは「執行役会」と訳されるVorstandである。監査役会は，取締役（執行役）を任免し，その執行状況を監視し，報酬を決定するなど，大きな権限を握ってきた。

　この監査役会は，株主の代表と従業員の代表で構成されるが，会長をはじめとして，構成員のかなりの部分は株主たる銀行からの派遣者であった。しかし，取引先企業が経営不振に陥ったときの対応は，日本のメインバンクに比較すると，限定的なものにとどまってきた。

　日本の場合，メインバンクは財務的支援や再建計画の策定・遂行において主導的立場に立って，行内のエース級の人材を不振企業の中核に派遣してきたことに対して，ドイツの銀行が財務的支援，たとえば元金返済と利率支払の猶予，金利の引き下げなどに限定してきた。再建計画の策定，不振事業の処分，他企業との提携の斡旋などにまで関与することは稀で，それらは経営コンサルティング会社に委託されてきた。

4　役員報酬制度

(1)　経営者報酬の諸形態

　役員報酬は，同業他社の役員報酬を参考にして決められる「基本報酬」，当該年度の目標収益の達成度を考慮して決める「年度業績志向の報酬」，そして株主利益（配当＋株価の上昇）でランクづけされる「長期的観点からの褒賞」からなる。

基本報酬は，経営者市場を意識しての要素であり，良き経営者を確保するには，最低どのくらい払わなければならないかなどを考慮している。年度業績志向の報酬計画は，営業成績を基本に決められる。中期志向の報酬計画は，効率性比率や自己資本利益率を基準にする。これは目標が達成されなければ支払われない。長期的観点からの褒賞は，株主利益でランクづけされる。

　役員報酬の決定要因の中で特に重要なものが，経営者市場の有無，株式市場の評価，そして税制度である。米英のように，経営者市場が存在するところでは，企業業績や株価上昇に実績を上げた経営者は，高い報酬でヘッドハンティングされる。他方，日本のように経営者市場の未成熟なところでは，役員の移動が少ないために，報酬が相対的に低く抑えられる。

　また，機関投資家支配の今日においては，株式市場の評価（株価の上昇）への経営者の貢献も重要であり，株価上昇に貢献する経営者は高額の報酬が得られる。さらにストックオプションの権利行使によっても，高い売却益が得られる。

　税制度によっても，経営者報酬額は異なってくる。たとえば，日本では所得税の最高税率が70％と高い時代が続いたから，損金算入の認められない賞与の形態は低く抑えて，退職慰労金で低い報酬を補う方法が一般化していた。

(2)　インセンティブ制度とストックオプション

　1990年代末時点で，主要国の企業経営者報酬の構成内容を比較してみると，パフォーマンスにリンクした長期インセンティブ（ストックオプションが中心）を取り入れていないのは，唯一日本だけである。一方，アメリカの場合には，平均して報酬の約30％が長期インセンティブ・プログラムに基づくものになっている（図表4-4）。

　アメリカでは伝統的に，経営者に対するインセンティブ制度の中心は，固定給と業績によって変動するボーナスの組み合わせが基本であった。しかし1990年代に入ると，株主価値経営を重視する気運が盛り上がる中で，株価パフォーマンスと直接リンクした経営者向けのストックオプションの利用が急速に普及

図表4-4　主要国の経営者報酬の構成内容の比較（1990年代末）

	基本報酬	ボーナス	長期インセンティブ	ベネフィット
日　本	57%	12%	—	31%
アメリカ	43%	17%	29%	11%
イギリス	50%	10%	15%	25%
フランス	44%	15%	5%	26%
カナダ	49%	19%	17%	15%

出所：井手正介・高橋文郎（2009）『経営財務入門［第4版］』528頁より作成。

した。調査によると，1994年時点ですでに75%の会社がストックオプションを採用している。業種によってバラつきがあり，金融サービスや投資関係の分野では92%に達している。

　また，もともとトップ経営者に対するインセンティブ制度として始まったストックオプションが，現在ではほとんどの企業で少なくとも上級管理者は全員，また大部分の企業で中間管理職までが対象になっている。新興企業やベンチャー企業の中には，全従業員を対象にしているところも多い。調査によれば，1990年代末に株式時価総額上位250社では99%が，またハイテク・ベンチャー企業では81%が，何らかの形でストックオプションを導入していた。

　しかし，今から見れば，ストックオプションが経営者に対して誤ったインセンティブを与える形で濫用されていった。極端なケースでは，エンロンやワールドコムのように，大掛かりな粉飾決算を誘発してしまった。多くの大企業に対して，表面上の利益を実態以上によく見せかけるインセンティブを与えたのである。ストックオプションは経営者に短期的な株価上昇につながる経営を志向させ，従来なら手掛けなかったようなリスクの高い事業に手を出し，破綻した企業も多く見られた。

　また，多くのハイテク企業やベンチャー企業は，事業の将来性に賭けるストックオプションを多用することで，人材を採用した。これは裏を返せば，現時点において人件費を過小計上することによって，利益を過大に見せかけ，当然計上すべき費用を将来に繰り延べることにつながる。

株価が右肩上がりで上昇している間は，ストックオプションの持つ問題点は表面化しなかった。しかし，2000年にITバブルが崩壊し始めると，その濫用の弊害と制度の不備やルールの欠如が一挙に表面化した。

エンロン事件後，アメリカでは会計規則やガバナンス改革が急展開してきた。その一環として，ストックオプション制度の見直しを進んでいた。2002年に，ニューヨーク証券取引所およびナスダックは上場会社規制を強化し，ストックオプションを人材登用に利用する場合，株主の承認を必要とすることを義務づけた。これと並行して，多くの企業が自発的にストックオプション制度の改革や開示を始めた。

たとえば，2003年7月，マイクロソフト社が従業員向けストックオプション制度を廃止すると発表し注目を浴びた。また2006年1月に，インテルもストックオプション制度を縮小し，一般社員を中心に，全従業員の約半数に現物株のみを付与し，管理職など上級社員には現物株とオプションの両方を支給する，とした。

(3) **日本企業におけるストックオプションの導入**

日本でも，株主価値重視経営の普及に伴って，経営者および従業員に対する報酬制度が大きく見直され始めている。日本で正式にストックオプションが解禁されたのは1997年であった。当初導入した企業の大部分はベンチャー企業や従業員の流動性の高いソフト関連企業であった。しかし，その後大企業を含めて幅広い業種で導入されていった。

2002年の商法改正でストックオプションに関する従来の制限が撤廃され，ストックオプションの上限や対象者，権利行使期間などの制限が一切なくなるとともに，これに関連した株主総会の決議事項も簡略化された。現在までのところ，大きな問題も表面化せず順調に拡大している。

導入の目的としては，『東証上場会社 コーポレート・ガバナンス白書2013』によると，640社のストックオプションに関する補足説明では，付与対象者の士気や意欲に貢献すること（299社），優秀な人材の確保さらに業績や企業価値

の向上に資すること（379社）が目的として挙げられている。すなわち，株主と株価変動のメリットとリスクを共有し，長期的な業績向上および企業価値向上に向けた動機づけを従来以上に高めることが多い。

　日本ではストックオプションがまだ普及途上にあるが，主要企業TOPIX core30の各社においてはすでに役員退職慰労金を廃止し，その代替として株式報酬型ストックオプションを付与することが主流となっている。

　主要企業以外では，まだストックオプション導入の敷居が高いのかもしれないが，日本政府がコーポレート・ガバナンス強化を謳っているという流れの中にあり，徐々に普及していくであろう。

第5章

日本の企業統治

1 戦前・戦時期における日本の企業統治

(1) 戦前期

　株式会社制度は明治期に日本に導入されたが，その普及は英国などに比べて急速であった。そして企業統治の構造は，古典的な株主主権に近い性格を持っていた。

　戦前の日本企業においては株主の存在感が非常に大きかった。1899年に制定された新商法は「株主総会中心主義」を特徴とし，株主総会は「最高かつ万能の機関」として，法律および定款に定める事項はもちろん，それ以外のいかなる事項についても，決議する権限を有していた。株主総会は業務執行についても議決して，取締役を拘束することができた。さらに，取締役・監査役の選任・解任および報酬の決定は，株主総会の普通決議事項であった。単純に総会に出席した株主の議決権の過半数で決し，こうした決議により，任期中でも取締役・監査役は解任される立場にあった。

　また，利益の大部分を配当に回していた。たとえば，1921〜36年の平均配当率は7割に達していた。戦前を代表するエコノミストであった高橋亀吉は，大正から昭和にかけて破綻した企業の分析をもとに，「株主の専横から蛸配当を強いられ，かくて事業を破綻に導いた」と指摘している。「大株主のその場主

義的我利の横暴」と「重役の腐敗」には，目に余るものがあり，企業経営が百年の繁栄を目標としていないことを憂えていた。

　さらに，自己資本の比率が高くて，借入金は資産負債総額の10％以下であり，株式による資金供給が重要な役割を占めていた。たとえば，1914年は67.2％，1925年は59.2％，1936年は60.3％となっている。資金調達における銀行の地位が戦後とは大きく異なっていて，銀行は事業内容を精査してモニターすることはほとんど行われていなかった。

　財閥系においては，傘下企業における内部昇進役員の比率が比較的高く，日常的な業務執行は彼らに委ねられていた。しかしながら，傘下企業の取締役会の議案については，財閥本社に事前に提出することが求められた。他方，非財閥系では，大株主が経営陣に直接参画することで，経営陣の業務執行を監視していた。役員報酬と会社利益の多少との間に非常に強い相関関係があった。

　一方，従業員が自らの利益を保護するための制度は未整備であり，雇用者に占める労働組合の組織率は，ピークの1936年においても３％前後の水準にとどまっていた。戦前を代表する綿紡績業の会社では，不況期に配当を維持するため，解雇や大幅な賃金削減を頻繁に行った。その結果，従業員の定着率が非常に低く，会社間の移動が活発なものとなっていた。

(2)　戦時経済期

　株主の存在が大きい戦前の企業統治の姿は，日中戦争そして第２次大戦に向かう中で，大きな修正を迫られることとなった。統制経済への転換が会社観そのものの見直しにつながったのである。国家総動員の体制の中で，個のための利益よりも，組織体さらには国家のための利益を優先すべきとする考え方が台頭してきた。

　古典的資本主義の会社観が否定され，新たな企業理念を経済新体制の一環として提唱するに至った。「会社は株主のもの」から，会社は株主・経営者そして従業員からなる組織体であるという新たな会社観が提示された。

　1938年の国家総動員法には，国家が必要に応じて，会社の設立・増資・目的

変更・利益金処分などを制限・命令できるという規定があった。また1940年の会社経理統制令では，会社の経理処理・配当政策などが，国家の統制下に置かれることとなった。この結果，企業の配当性向が低下し，また配当率も利益率に対して反応しなくなった。

1943年に軍需会社法が施行され，「資本と経営の分離」が軍部の手によって進められた。軍需会社法は指定した会社に対して，生産責任者（経営者に該当）を設置して，軍需省の命令に従って経営することを求めた。これにより，生産現場に精通しない資本家経営者や非専任の役員は，最高経営層から排除され，利潤追求は企業の目的ではなくなった。

また，株主の権利は非常に限定され，株主総会の権限や手続きには制限が加えられ，業務の執行は総会の議決に左右されることはなくなった。そして従業員が取締役に昇進・就任する事例が増加した。

2 戦後における企業統治の大転換

(1) 戦後改革の歴史

敗戦後，日本を占領した連合国軍総司令部（GHQ）が，経済民主化政策の推進の一環として，財閥の強制的な解体を実施した。財閥企業では，財閥家族の持株が強制的に分散され，所有者不在の企業になった。

また，1947年の公職追放令などにより，戦前・戦中期に経営の中枢にあった人々は，経営の世界から退場を余儀なくされた。経営層に対するパージ（公職追放）により，合計3,600人以上の経済人が経営の表舞台から退場した。トップ層の退場した穴を埋めるべく登場したのが，ミドル層のテクノクラートであった。彼らの多くは，若い役員・部長・工場長などであった。

たとえば，日立製作所では，創業者社長の小平浪平（73歳）から，終戦時の山口県笠戸工場長を務めていた倉田主税（58歳）へ社長交代した。会社に雇用された経営者・管理者を軸にして，経営が行われることとなった。

さらに、戦後の混乱期には激しい労使紛争が巻き起こったため、従業員の存在感が大きくクローズアップされることとなった。株主の権益は全然無視され、事業の経営は従業員によって牛耳られて、従業員の待遇が第一義となり、誰一人として会社の基礎の強化や資本の蓄積などを考える者がない有様であった。

その後、資本の自由化に伴う外資による乗っ取りを防ぐ名目で、旧財閥企業だけでなく、戦後に成長した企業も株式の持合を進めていった。高度成長期を通じて確立された日本企業に典型的に観察された統治の仕組みは、株主の権利を実質的に制限し、外部にあるメインバンクに代表される銀行、そして内部のメンバーなどが関与する多元的な統治であった。このような仕組みは、経営者が長期的な視点から経営を考え、従業員の企業へのコミットメントが高いなどの利点を持っていた。

(2) 日本の企業統治が見直された背景

ところが1990年代以降は、株主用具観を前面に押し出した企業統治の実現が突きつけられてきた。1989年の日米構造協議の中で、アメリカは株式持合を筆頭に日本型経済システムを閉鎖的であると非難し、その改革を提案した。日本企業に株主重視の経営へと舵を切らせる仕組みづくりを促す提案は、1993年の商法改正につながった。

加えて、カルパース（CalPERS）に代表される米国の公的年金基金などが、議決権行使を本格化し、日本企業の運営まで活発に発言を開始した。1990年代後半における株価下落に伴う株式保有リスクの高まりや、2001年の時価会計の導入などにより、日本の銀行は持合株に代表される大量の保有株式を処分した。金融機関が保有する上場企業株式の比率は、1985年度に37.3％、1990年度は38.4％、1995年度は37.1％、2000年度は30.8％、2005年においては23.6％と低下してきた。

金融機関に代わって株式保有を増加させたのは、外国人投資家、特に機関投資家であった。外国人持株比率は1998年度に銀行を上回り、2013年度の30.8％まで急上昇してきた（図表5-1）。

図表5-1　日本企業の株主構成

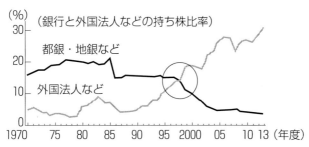

出所:『日本経済新聞』2014年9月3日付。

　こうした外圧に加えて，経済低迷の長期化に伴い，企業統治の問題が日本で深刻に受け止められ，「ガバナンス不況」とまで表現された。

　日本の会社制度としては，取締役会と監査役（会）の双方が，経営を監視するところに大きな特徴がある。しかし，バブル経済が崩壊した後の企業不祥事を見ると，監視・監督機能をほとんど果たしてこなかったことは明らかである。

　その原因としては，①取締役会のほとんどは使用人兼務役員で占められ，業務執行と監視・監督機能が分離されていないこと，②取締役会の内部が社長を頂点に，専務・常務といった具合に階層化し，上下関係が明確になっていること，である。

(3) 企業統治の改革

　このような状況を受け，多くの企業で取締役会改革が行われている。株主総会の制度の見直し，執行役員制・社外取締役制の導入，監査制度の見直しが行われ，さらに米国型の仕組みを模したものとして，委員会（等）設置会社が導入された。

　取締役会改革のきっかけになったのは，1997年のソニーによる執行役員制度の導入だと思われる。ソニーに続き，多くの企業が取締役会改革を行っている。

　典型的には，執行役員制度を導入し，取締役の人数を大幅に減少させ，社外取締役を増加させている。2000年時点では平均して25人程度であった取締役数

図表 5-2　大規模取締役会人数の推移（1986年→2007年→2014年）

大林組	49→11→10		三菱商事	52→18→14
鹿島建設	48→12→10		三井物産	49→11→13
トヨタ自動車	50→26→15		伊藤忠商事	47→14→13

出所：1986年と2007年は久保克行（2010），2014年は各社ホームページより作成。

が，2005年には16人，2012年8人程度と大きく減少している。大規模取締役会の人数変化の事例は**図表5-2**に示されている。

　意思決定のスピードを高め，かつ自由な議論を行うためには，やはりある程度規模が大きすぎないことが望ましいであろう。この意味で，これらの改革には意味があったと思われる。

　制度面から見て，最も大きな改革は委員会設置会社の導入であろう。2003年4月施行の商法特例改正により，「委員会等設置会社」と呼ばれていたが，その後2006年5月施行の会社法により，「委員会設置会社」と名称変更となった。しかし，実際に委員会設置会社に移行した企業は限られている。

　『東証上場会社　コーポレート・ガバナンス白書2013』によれば，委員会設置会社は2,275社中の49社のみとなって，同市場の上場企業の2.2％を占めるにすぎない。また東証1部で見た場合，1,680社中の42社（2.5％）にとどまっている。さらに逆の流れも起こっており，委員会設置会社から従前の監査役制度へと再移行した事例も少なくない。

　企業はなぜ，執行役員制を導入する一方で，委員会設置会社に移行することをためらっているのであろうか。

　財務総合政策研究所によって行われたアンケート調査（1999年，2002年）によると，執行役員制度を導入した理由として，最も多い（72.6％）のは「経営監督と業務執行の分離ができる」ことで，また「迅速な意思決定ができる」も重要な理由（61.5％）であった。

　また，日本監査役協会が2004年に行ったアンケートで，当時の委員会等設置会社に移行しない企業に対して理由を尋ねたところ，「監査役制度が有効に機能しているから」が61.5％，「現行制度の中で取締役改革により経営の効率性

図表5-3 日立製作所の取締役会

社外取締役が過半数	社内6人・社外8人	社長をいつでも解任できる体制にして緊張感を維持
外国人, 女性を選任	外国人4人(社内1・社外3)女性2人(日本人1・外国人1)	グローバルな視点, 多様な価値観を経営に反映
執行役員制を導入	取締役会は経営の基本方針, 中期計画に議論を集中	個別案件は執行役に権限委譲し, 経営を迅速化
委員会設置	指名・報酬・監査の3委員会で社外取締役が過半数	

出所:『日本経済新聞』2014年3月10日付より整理作成。

向上が図れるから」が44.5％となっている。一方,「社外取締役の確保が困難」という理由を挙げた企業が16.6％あり,このことが具体的な移行を困難にしていると考えられる。

最後に委員会設置会社の典型例として,日立製作所の取締役会の構成を示しておこう(**図表5-3**)。日立製作所の『アニュアルレポート2013』によれば,取締役会を構成する14名の取締役のうち,執行役を兼務する取締役は1名のみであり,取締役会長は執行役を兼務していない。

また,外国人を含む社外取締役を過半数の8名とし,グローバルで多様な視点を経営へ反映させるとともに,監督機能の強化を図っている。2013年6月21日現在において執行役は31名いる。取締役会の議題を中期経営計画などの大きなテーマに絞り込み,個別案件の決定権限を執行役に委ねることで経営の迅速化を実現している。

3 株式持合とメインバンクの役割

(1) 日本企業の株式持合

株式の相互持合を特徴とする株式所有構造は,伝統的な日本的経営を形成する有力な制度的要因の1つであった。株式持合は資本市場における企業買収に

図表 5-4 主要投資部門別株式保有比率の推移

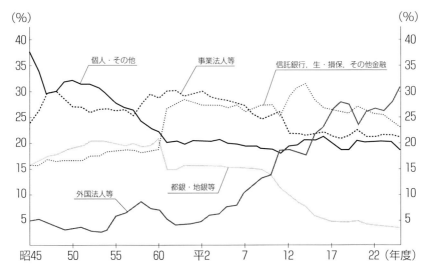

注：平成16年度から平成21年度までは，ジャスダック証券取引所上場会社を含む。
出所：東京証券取引所 他（2014）「平成25年度株式分布状況調査の調査結果について」。

対する防衛策でもあった。さらに自社と密接な関係を持つ企業を相手として，相互に所有されることにより，結果的に経営者支配を確立させ，長期的視野に立った企業経営を可能にしたことも指摘される。

戦後の財閥解体などによって，1949年に個人の持株比率が69.1％に達した。ところがその後個人の持株比率は継続的に低下して，1988年度に20％を下回り，これ以降20％前後の水準で推移している（**図表5-4**）。

一方で，金融機関や事業法人などの持株比率が増加していった。株式相互持合いの嚆矢は，1952年に三菱グループ各社が，陽和不動産（現三菱地所）の株式を保有したことと言われている。その後，他の旧財閥系企業でも進められ，加えて外国資本による企業買収の脅威を低減させることを目的とした独占禁止法の改正を契機に，株式持合が段階的に進展してきた。

事業法人の持株比率は1970年度に23.9％であったが，1986年度に30％台に到達し，30％前後を推移した。しかし1990年度から低下傾向を示し，2006年度に

は20％台まで低下している。

　戦後日本企業の株式所有構造の特徴としての法人株主化の進展は，親会社とグループ構成企業の間の垂直的な所有構造と，安定株主化工作によって大企業間で形成される株式持合いの水平的な所有構造からなっている。特に六大企業集団構成企業間における株式相互持合いにおいて濃密な関係が形成されていった。

　1990年代以降の株式所有構造の変化は，金融機関を中心とした株式持合の解消を契機とする流動化と，外国人機関投資家のプレゼンスの高まりにまとめられよう。

　大和総研の調査によると，1995年度には約91％の企業が持合関係にあったが，2006年度に約53％まで大幅に減少している。保有銘柄数を見ると，1995年度から2006年度にかけて，事業会社の保有する銀行銘柄は3.4から1.9に，また銀行のそれは87.8から44.7に減少している。

　こうしたデータから，事業会社による対銀行の持合解消が進展していると同時に，銀行は株式の持合関係を維持しているが，持合の対象事業会社を選別してきている。

　バブル経済崩壊以降，株式の持合は総体として急激に低下しているといえる。しかし，近年では，M＆Aの脅威を背景として，産業企業では部分的に復活も確認されている。

(2) **メインバンクの役割**

　日本の企業統治を議論する際には，最近では社外取締役や執行役員制度の導入に注目が集まるが，伝統的には重要な部分は銀行，とりわけメインバンクによって行われているという考え方が中心であった。

　戦後日本企業の財務構造は負債中心であり，負債の大部分をメインバンクと呼ばれる銀行に依存してきた。そのため，日本企業をめぐるエージェンシー問題は，銀行と経営者との間の利害対立に起因するといえよう。

　日本では，銀行が保有できる株式は法的に，全株式の5％以内に制限されて

77

いる。したがって，日本では銀行が大株主として企業を支配する場合，ドイツと違って，制限があるのである。

　日本のメインバンクは株主代表として，役員を派遣していたとしても，平時に企業経営にほとんど干渉することはない。メインバンクは安定株主として，株式を売ることはなく，企業に対してサイレント・パートナーとして存在し，積極的に行動することはほとんどない。

　1980年代までは，日本ではアメリカと異なり，個人の株式保有比率は低く，基本的に法人によって保有されてきた。しかも，法人もまた相互に株式持合をして，相互に安定株主として相手企業の経営に介入することはなかった。このような株主や銀行の行動を，経営者自身もよく知っており，経営に介入されないために，赤字を出さないように自己統治を行っていた。メインバンクの存在を前提とする経営者によるセルフ・ガバナンスが，平時の日本型ガバナンスであった。

　しかし，企業が経営不振に陥り，債務不履行が発生するような有事の際に，巨額の資金を貸し出しているメインバンクは，積極的に監視を強め，必要あれば直接企業経営に介入する。メインバンクは，企業の取引決済口座を自行に集中させ，企業のキャッシュフローを監視したり，経営内容を監視する。そして，ある水準を下回るようになれば，企業に注文をつけたり，役員を派遣したりする。

　最悪の場合，メインバンクは問題のある企業に対して，緊急融資や人的支援などを行い，さらに企業側から要請があれば，積極的に債務の繰り延べや債権放棄を行ったり，あるいは多大な救済費用を負担したりしてまで，企業を再建しようとする。

　1950年代初期から70年代初期に至るまでが，メインバンク・システムの最盛期と見なされている。しかし，1970年代の半ば以降，規制の下で機能していたメインバンク・システムの基盤が揺らぎ始めた。企業は次第に洗練された財務手法を開発し実践に移したため，資金調達力が劇的に増大した。また企業金融の形態に顕著な変化が生じ，銀行借り入れから海外を含めた内外市場での証券

発行に向かった。さらにバブル期に銀行が株式その他の資産価格の急騰に遭遇し，その貸出態度にも変化が生じた。

バブル経済崩壊後，日本の銀行は巨額の不良債権を抱えるようになり，かつてのような存在感のあるガバナンス主体ではなくなっているため，今日，日本企業をめぐるガバナンス主体は非常に曖昧な状態にある。21世紀に入ってから，メインバンク・システムがいっそう弱体化している中で，新たなモニタリング・システムが必要とされている。

4 日本の企業統治のゆくえ

企業システムに対する評価は，その時代に応じて大きく変化する。1980年代には，日本の企業システムは世界中の称賛の的であった。当時，メインバンク，長期雇用，企業集団といった特色が，日本企業の高い競争力の源泉であるとして，新聞・雑誌などで高く評価されていた。

しかし，日本が長い不況に入ると，これらの特色に対する評価は逆転し，これらこそが日本企業の非効率性の原因であるという主張が強くなされるようになった。日本企業もアメリカの企業をお手本にして，改革を行うべきとのことであった。

実際，会社法の改正を背景に，社外取締役の導入が進んでいる。東証１部の上場企業で社外取締役を１人以上選任している企業は，2004年に30.2％から2010年に48.5％，さらに2014年に74.2％へ上昇してきた。

社外取締役を導入する理由として最も重視されているのは，「社外の斬新な意見などを取り入れることができ，取締役会が活性化する」，そして「経営に対する外部からのコンセンサスを得やすい経営になる」，「透明度の高い経営であることをアピールできる」と挙げられているが，どう活用するかに頭を悩ませている企業が多い。

これについて，日本を代表する「プロ経営者」としてローソンの業績を立て直した手腕が買われ，サントリー社長に就任した新浪剛史が，社外取締役の鋭

い指摘を経営戦略に反映させていたという次の話が示唆的であろう。

「日本企業は取締役会のモードを変えなければいけない。中長期に考えて，その事業が本当に収益を生むのかを取締役会で議論し，強いところにどんどんキャッシュを投じ，場合によっては自社より強い企業を買いに行く。逆に，弱いところは撤退し売却する。そこで社外取締役は，経営者が気付かない切り口で視野を広めてくれる。取締役会が社内の人間だけだと，モノカルチャー（単一文化）になってしまう。社外取締役がいることによってダイバーシティー（多様性）が生まれ，いろいろな考え方が入る」

「ローソンは，2014年5月末時点に9人で取締役会を構成し，そのうち社内が4人，社外取締役が5人。その5人のうち3人が女性であった。男女や経歴のダイバーシティーがあると，議論が活発になる。社外取締役による刺激があったからこそ，直近の11年間はローソンの営業利益が毎年伸びた。社会がデフレに苦しむ中，みんなと同じ行動をするのではなく，違うものをやろうとチャレンジしたことが大きかった」

「社外取締役としての役割は，大局的に会社の運営を見ることである。株主の代表として，中長期的に企業価値を上げることが問われる。このバランスを確認し，経営陣にモノを言う必要があると思う」（『日経ビジネス』2014年8月25日号）

2014年6月に改正会社法が成立し，社外取締役の選任を促す新制度が設けられたほか，社外取締役の要件も変わった。親会社の役員，また役員などの2親等以内の親族も社外取締役になれない。一方，役員経験者でも会社を辞めて10年経てば社外取締役になれるようになった。社外取締役を置かない上場企業に「置くことが相当でない理由」を株主総会で説明するよう義務づけている。これは選任が原則であると宣言しているに等しい。

東京証券取引所も，上場会社に独立性の強い社外取締役を確保する努力義務を課している。上場会社にとって，社外取締役を置かない選択肢は現実味が薄れつつあるといえよう。「お飾りの社外取締役など無用」と主張し続けてきたキヤノンも初めて選任を決断した。

さらに，委員会設置会社は条件が厳しくて選択する企業が少なかったため，改正会社法では「監査等委員会設置会社」が設けられた。これは取締役3人以上で構成する監査等委員会が経営をチェックする仕組みで，委員の過半数を社外取締役にする必要がある。既存の監査役会設置会社と委員会設置会社の中間的な形態といえる。

　近時の日本においては，企業統治をめぐる議論が活発であり，法制度も頻繁に改正されている。新たな企業統治のあり方を探る動きはこれからも続くであろう。

第6章

企業統治の国際比較

1 アメリカの企業統治

(1) アメリカにおける企業統治体制の展開

　アメリカの企業統治構造は，2000年代初頭までは国際的に最も優れたものとして評価され，1990年代に世界各国が相次いでそれを積極的に導入していた。
　1929年に勃発した世界大恐慌の後に，米国では証券取引法と独占禁止法が制定された。1934年に制定された証券取引法は重要情報の開示，虚偽記載の禁止などを特徴とし，年次報告書と四半期報告書の提出の義務づけを主な内容としている。証券取引委員会（SEC）が発足され，投資家保護などの面で今日の制度的措置の基盤となった。
　1956年に，ニューヨーク証券取引所（NYSE）は上場要件として，2名以上の社外取締役を選任することを課した。しかし国全体の観点から，企業の内部に統治体制作りに取り組み始めたのは，1960～1970年代と認識されている。
　1960年代にベトナム戦争への参戦反対運動による社会的良心の高まりと，環境基準や雇用機会均等制の導入が見られた。実際に，1967年に黒人の雇用差別問題を取り上げたイーストマン・コダック社の事例，ベトナムで使用されていたナパーム弾の販売中止を株主提案で取り上げたダウ・ケミカル社の事例などが挙げられる。さらに，社会変革をめぐる問題は，公民権運動家を取締役会の

メンバーとして受け入れたり，社会的課題事項に対する報告書を作成したりするなどの形で実った。

1970年代には，巨大企業の倒産や経営危機が，株価低迷などの悪影響を及ぼし，株主に経済的損失を被らせる事件が相次いだ。1971年のロッキード社の経営危機，1979年のクライスラー社の経営危機がその代表例である。

ウォーターゲート事件に端を発した不正な企業献金や不正支出などの事件が起こり，1978年にNYSEは上場企業に，社外取締役によって構成される監査委員会の設置を義務化した。

一方，1980年代のアメリカ経済の深刻な後退とともに現れたM&Aブームは，経営者にとってLBOなどの敵対的買収の脅威を生じさせ，経営者規律づけの手段として働きかける転機となった。このM&A戦略の急激な台頭は，株主価値をいかに高めるかということを，経営者が目指すべき最大の目標として登場させた。

1988年に，それまで禁じていた年金基金の議決権行使を認め，むしろ株主の利益の観点から議決権を行使することは，受託者責任の一環であると定められた。これによって，機関投資家は経営者との対話，キャンペーンの展開，株主提案の提出などの株主行動主義を引き起こすようになった。この株主行動主義は1990年代以降，リレーションシップ・インベストメント（RI）へと発展していって，ディスクロージャーとアカウンタビリティを一段と向上させた。

2000年代に入り，エンロンやワールドコムなどの上場企業による会計不祥事が相次ぎ，これを受けて，2002年にサーベンス・オクスレー法（SOX法，企業改革法）が制定されガバナンス規制の強化が行われた。具体的には，外部監査法人の独立性の確保，監査委員会を中心としたモニタリング機能の強化，社外取締役の独立性の確保，ディスクロージャーの強化，経営者の不正に対する厳罰化，などが主な内容である。

企業改革法や取引所の新規制は，社外取締役に厳格な独立性を求め，株主の代表として経営トップを監視するよう要求した。そして，取締役会の最も重要な役割は，最高経営責任者として十分な資格と倫理性があるかどうかを評価し，

最高経営責任者を選任し，その報酬を決めることであるとしている。これを怠れば，取締役自身が株主代表訴訟の標的になる。

そして，2010年に成立したドッド＝フランク法（ウォール街改革および消費者保護法，DF法）では，全上場企業に報酬委員会を設置し，取締役会報酬委員会の委員は，SECの発する規則に定められる独立した取締役でなければならないことを義務づけている。

現段階での企業統治改革の方向は，取締役会の独立性と専門性を高め，企業からの情報の信頼性を高めることにある。企業および経営者の倫理性の向上が求められている一方で，罰則の強化を企業改革法で盛り込むなど，企業倫理の先進国としての側面と，訴訟社会の側面を反映したものとなっている。

アメリカでは，全成人の約半数の人が個人として直接的に，または機関を通じて間接的に株式を所有しており，企業統治改革は多数の国民の利益を守るために必要である。

(2) **アメリカの企業統治の構造**

アメリカ企業の取締役会は，株主総会で選任された取締役が，経営者であるCEOをはじめとする業務執行役員（オフィサー，Executive Officer）を監督する構造である。取締役会は日常業務の執行に直接に携わっていない。日常業務は選任したオフィサーと称される経営者に委ねている。オフィサーの中から，選任されたCEOを中心とする上級執行役員（COO，CFO，CTOなど）が，トップ・マネジメントを形成する。オフィサーは個々の業務執行についての戦略立案とともに責任を持って行う。取締役は立案された戦略を承認し，執行の成果のレビューを行う立場にある。なお，オフィサーは取締役を兼務可能であるが，取締役である必要はない。

取締役会議長とCEOの分離が叫ばれているが，兼務するケースも珍しくなく，2013年に55％となっている。主要500社の平均的な取締役会は11人からなっており，独立取締役の割合は85％である（**図表6-1**を参照）。

取締役会に設置する委員会は，設置が強制される委員会と任意の委員会があ

図表6-1　S&P500構成企業の取締役会の属性

	2003年	2013年
取締役の平均員数（人）	10.9	10.7
独立取締役の割合	79%	85%
新任の独立取締役		
女性	19%	24%
他社の現役CEOやCOO等	32%	23%
他社の退任したCEOやCOO等	12%	23%
その他の管理職	12%	21%
全取締役に占める女性取締役の割合	13%	18%
CEOが唯一の非独立取締役の取締役会	35%	60%
CEOが取締役会議長兼務の割合	77%	55%
取締役会の平均開催回数	7.8	8.0
監査委員会の平均開催回数	7.3	8.7
報酬委員会の平均開催回数	n/a	6.3

出所：Spencer Stuart, *U.S. Board Index 2013*（2013年11月），p.6-7 より作成。

る。強制設置委員会は，SOX法により義務づけられた監査委員会，DF法により義務づけられた報酬委員会，そして指名委員会の3委員会である。また，NYSE等の証券取引所の規定により，3委員会のすべての構成員は独立取締役でなければならない。

　エンロン事件の後，NYSEは2002年8月に，上場規則を改正し，独立取締役の定義を厳格化した。また，監査委員会の権限と責任の大幅な拡大を勧告している。方策としては，監査委員会に会計監査人の採用・解任権限を与えるとしえいる。

　独立取締役の出身職業はきわめて多様である。図表6-1を見て分かるように，他社の退職した役員，投資家，他社の現役CEOやCOOが主なウェイトを占めているが，女性やマイノリティ（少数民族）の割合が増加傾向を見せている。従来重視してきた取締役会の独立性と客観性以外に，多様性も注目を集めている。

　このほかに，相当数の会社が現在，会社の責任に関する課題事項を担当する

特別委員会や企業倫理委員会，公共委員会，人的資源委員会，環境委員会，寄付委員会，法務委員会，社会的責任委員会などを有している。

このように，米国企業の取締役会は，実際に株主の価値だけでなく，ほかのステークホルダーに対する感度を高めており，ある程度は利害関係者資本主義（stakeholder capitalism）の必要性を認めているといえよう。

2 イギリスの企業統治

(1) イギリスの企業統治改革の展開

イギリスの企業統治はアメリカと同じ，アングロサクソン型の特徴を有するが，欧州諸国の影響をも受けている。企業統治改革は，1990年代初頭に相次いで発覚した企業不祥事を契機として行われている。

1991年，「メディア王」と呼ばれたロバート・マックスウェルは謎の死を遂げ，その後，イギリス最大の企業不祥事が発覚する。彼は1980年代にメディア関連の企業買収を繰り返したが，買収資金を有利に調達するために，粉飾決算を行い，さらに従業員年金を不正に流用していたのである。これらの不祥事は，財務報告の信頼性を揺るがすものであった。

こうした企業活動を防止することを目的として，イギリスは企業統治改革が行われた。1991年に通称キャドバリー委員会がロンドン証券取引所，および財務報告に関係する団体などの支援により設置された。そして1年後，「最善慣行規範（Code of Best Practice）」を公表した。キャドバリー委員会は，実際にイギリスの企業で行われている慣行の中で，最もよいと思われるものを調査し，最善慣行規範としてまとめたのである。

そして1995年にグリーンブリー委員会が設置された。報告書では役員報酬の明示や適正な運用に関する行動規範が示された。1998年には，ハンペル委員会が報告書を公表し，同時に「統合規範」（The Combined Code）を公表した。

2003年に改正統合規範が公表された。この改正により，取締役会構成員の過

半数は，非業務執行取締役（Non-Executive Directors：NED）であることが要求され，さらに独立性に関しては具体的基準が規定された。各委員会においても，構成員の過半数はNEDでなければならず，監査委員会では構成員の過半数が独立性のあるNEDであること，報酬委員会では構成員のすべてが独立性のあるNEDであることが求められている。

2009年にウォーカー委員会が公表した報告書では，すべての取締役は毎年再任手続きを行わなければならず，また，取締役会議長とNEDの報酬については，業績と関連しない報酬制度を設けることが求められている。さらに，取締役会とは別に，リスク委員会の設置が提案されている。

2010年に，統合規範からUK Corporate Governance Codeと名称を変更し，新たな規範が公表された。

(2) イギリス企業の取締役会の構造

イギリスにおいて，会社を指揮・統制するという職能を業務執行取締役（Executive Directors：ED）に，統制活動に関わる活動を非業務執行取締役（NED）に分担させることで，賢明な実効的な統制の枠組みの中で企業家的なリーダーシップを提供することとされている。

イギリスのNEDは，アメリカや日本においては「社外取締役」と呼ばれている。文字通り，業務執行を担当しない取締役である。ほとんどの場合，NEDは社外出身者である。

1987年，「NEDの行動規範」が公表され，そこでは，従業員1千人以上の企業において，3名以上のNEDを任命し，取締役会の3分の1をNEDにすることを求めている。2003年の統合規範の改正により，原則として独立NEDが過半数を占めることが求められている。さらに，指名委員会においても，その過半数を独立NEDによって構成されることが求められている。

さらには，取締役会の内部に委員会（指名，報酬，監査）を機能別に設置することにより，取締役会の機能を分化させている。指名委員会は，その過半数をNEDで占められるものとされ，取締役の指名において指導的な役割を果た

すことが求められている。報酬委員会は，最低3名のNEDで構成されるとされ，他社や従業員の賃金などにも考慮しながら，取締役の報酬を決定するとされている。監査委員会は最低3名のNEDで構成され，監査を担うことになる。

イギリスではNEDの導入が進展している。理由として，外部の視点を導入できること，会長や最高業務執行取締役を統制すること，専門知識を利用できること，国際的視野を導入できること，倫理的風土を維持するのに役立つこと，などが挙げられる。

たとえば，石油業界大手のBPの取締役会は，2012年12月末時点において，ED4人とNED10人で構成され，NEDにより指名委員会，報酬委員会，監査委員会，倫理・環境保全委員会が構成されている。また，会長とCEOが分離されている。BPにおいては，グループ最高執行取締役のほか，研究開発・生産・財務・マーケティングなどの主要な事業活動を担当する者がEDとして加わっている（図表6-2）。

たとえば，流通大手のテスコの取締役会は，2013年3月末時点においてED3人とNED7人で構成され，NEDにより指名委員会，報酬委員会，監査委員

図表6-2　代表的なイギリス企業の取締役会の構成

企業名→	3i	BP	BT	Tesco
取締役の員数（人）	8	14	10	10
NEDの員数（人）	5	10	6	7

出所：Spencer Stuart, *UK Board Index 2013*（2014年2月），p.20-31より作成。

図表6-3　英・独・仏・米の取締役会の比較

	イギリス	ドイツ	フランス	アメリカ
議長とCEOの兼任	0%	0%	65%	55%
平均員数（人）	10.3	16.3	14	10.7
独立取締役の平均人数	6	n/a	8	9.1
女性取締役の比率	18%	22%	29.3%	17.7%
取締役会の平均回数	8.7	6	8.1	8

出所：Spencer Stuart, *UK Board Index 2013*（2014年2月），p.19より作成。

会が構成され，取締役会議長とCEOは分離されている。

イギリス企業の取締役会の構造は，アメリカと同様に，取締役会が業務執行についての意思決定機能と監督機能を担当する単層構造である。取締役会議長とCEOは原則として分離することが求められている。2011年のFTSE350では96％が分離しており，2013年のFTSE150では100％が分離している（図表6-3）。

3　ドイツの企業統治

ドイツの伝統的企業統治システムは，ドイツ銀行など民間大銀行による産業への強い影響力と，労使共同決定に基づく労働者代表の経営参加によって特徴づけられてきた。

こうしたドイツ固有の企業統治構造は，資本市場による監視を基本とする「アングロサクソン・モデル」と対比されて，監査役会を中心とする内部の経営監督機構を中心とする監視を基本とする「ドイツ・モデル」や「ライン・モデル」とも呼ばれてきた。

しかし，1990年代に入ると，機関投資家の台頭に伴う資本市場の構造的変化による経営者への圧力は高まっており，とりわけ敵対的企業買収の脅威は，株主価値重視経営のスローガンの下で，企業経営に大きな変革圧力を及ぼし，ドイツ・モデルのアングロサクソン化が指摘されている。

(1)　ドイツ企業統治改革の展開

1990年代に入って，相次ぐ企業不祥事・破綻が，従来の監査役会を中心とした経営内部監督機構の機能不全を露呈した。これを直接的契機として，同時にEU統合の深化と拡大に伴うグローバル競争の激化や，自国の金融・産業の国際競争力を強化するうえで，ドイツ固有の伝統的企業統治システムの限界が明らかになった。

企業統治改革として，「企業領域における監視と透明性のための法律」（略称KonTraG：コントラック），「資本市場振興法」，そして「ドイツ企業統治規準」

を挙げることができる。

　ドイツの株式法によれば，監査役会は取締役会役員（執行役員）の選任権と解任権を持つ。監査役会は，取締役会（執行役会）による業務執行の監視権，業務執行の成果が記されている帳簿・書類・資産項目に関する閲覧権と審査権のみならず，一定種類の業務についての同意権を持つことが可能である。このように，監査役会が実に多大な権限を持つのが，ドイツ的特質である。

　1998年に成立したKonTraGは，株式法・商法等を改正することによって監視・監督権限を強化し，経営の透明性を高めることを目指すものであった。この法律では，取締役会の監査役会に対する説明責任が明確にされ，また，1人の人物が兼任できる監査役の数を10社まで，監査役会議長職は5社までに制限した。特に，監査役候補者は現状の兼任状況を公開し，株主総会に報告することが義務づけられた。

　また，監査役会の開催回数も，従来の年2回から，年4回に引き上げられた。さらに，銀行の株式保有状況と監査役会構成員を開示することが義務づけられた。しかも，5％以上の株式を保有する企業に関する銀行議決権が排除された。銀行が5％以上の株式を保有する会社の監査役を開示することも義務づけられた。

　資本市場振興法は，間接金融から直接金融への企業金融の変化や資本市場のグローバル化を受けて制定・改正され，資本市場のインフラ整備を図ろうとした。ここでは，株式の新規公開を促進するための一連の規制緩和，新規株主保護の強化，インサイダー取引規制，5％以上の大株主についての情報開示，一定の条件の下での買収防衛策の発動，相場・市場価格の操縦禁止などの改革が行われた。

　ドイツの伝統的な企業統治のあり方を象徴する銀行と企業のネットワークも大きな転換期にある。歴史的にドイツの銀行は，企業と密接に結びついており，企業に強い影響を与えてきた。銀行は産業企業に対する出資に伴う議決権と寄託議決権を合わせた議決権行使により，監査役会で多くのポストを獲得し，銀行資本と産業資本の結合を強固なものにしていた。

しかし1998年のKonTraGは，銀行による産業企業への資本参加に厳しい規制を加えるところとなった。また巨大企業は社債や株式の発行による直接金融に移行しており，巨大銀行も伝統的な信用業務から，M&Aなどの投資銀行業務にビジネスモデルを転換させつつある。さらに2002年から導入された法人の株式売却益に対する非課税措置は，企業や銀行の株式売却を促進している。

銀行の経営者はこれまで，産業企業への監査役兼任，特に監査役会議長に就任するケースが多かった。しかし，こうした人的結合関係も，企業統治改革による規制に加えて，大銀行のビジネスモデルの変更から見直しが進んでいる。1979年では22％の監査役が銀行から派遣されていたが，2004年では11％まで低下している。

たとえば，ドイツ企業最大100社のうち，ドイツ銀行の取締役が派遣されていたのは，1980年に40社もあったが，1990年に35社になり，1998年に17社に減少している。さらにドイツ銀行は今後，その代表者が監査役会議長を引き受けないことを決議している。

さらに，2002年に「ドイツ企業統治規準」が公表された。その特徴は，企業経営の透明性を高めることによって，内外の株主・投資家の権利保護を拡充するとともに，顧客・従業員・社会からの信頼性を高めること，監査役会の機能を拡充し明確化すること，監査役と決算監査人の独立性を確保することにある。規準は法的拘束力を持たず，企業の自主性を尊重しながらも，規準の各項目について「遵守か説明か」の考え方の下で，年1回公表すべきであるとした。

以下のようなことが推奨されたのである。

① 取締役会は定期的に，戦略の現状を監査役会に報告し，報告した戦略と実際の戦略が異なる場合には，その理由を監査役会に報告しなければならない。

② 経営上の重要事項の決定は，あらかじめ監査役会の同意を得なければならない。

③ 取締役会は企業全体の法令遵守に注意し，取締役の報酬は企業全体の業績を考慮して監査役会が定め，ストックオプションを含む詳細を開示すべ

④ 取締役会は重要な事項を速やかに株主に開示し，株主への情報提供はインターネットなどで，適時開示に適した手段を利用すべきである。
⑤ 開示すべき連結決算は，すべて国際会計基準に従って作成すべきである。決算監査人は，監査役会の求めに応じて，会社との利害関係等を監査役会で説明すべきである。

2007年に改正された「ドイツ企業統治規準」において，監査役会のほかに，報酬委員会，指名委員会の導入が奨励されている。しかし，実際に委員会を設置している企業はまだ少ない。

(2) **ドイツ企業における所有の集中**

ドイツでは，株式会社の数は伝統的に少なく，1990年代後半以降急増しているとはいえ，日本では従来中小企業を中心に利用されてきた有限会社がいぜん圧倒的に多く，また日本では極めて少ない合名会社や合資会社も，株式会社の数を遥かに上回って存在している（**図表6-4**）。

ドイツでは，特定の大株主のいない分散所有の状態にある株式会社の数は極めて少ない。43.8％のドイツ企業において，最大株主が議決権の25〜75％を保有している。これはドイツにおける同族企業の多さ，企業間，企業と金融の複雑な資本結合を反映しているものと考えられる。こうした資本集中化傾向もド

図表6-4　ドイツの企業形態別企業数と構成比（2005年）

	企業数	構成比（％）
個人企業	2,130,837	70.2
合名会社（OHG）	261,705	8.6
合資会社（KG）	121,653	4.0
株式会社（AG）	7,258	0.2
有限会社（GmbH）	452,946	4.9
その他	62,359	2.1
合　計	3,036,758	100.0

出所：細川孝・桜井徹編著（2009）『転換期の株式会社』176頁より加筆作成。

イツ固有の特徴である。

(3) 共同決定制度

　共同決定とは，企業レベルにおける意思形成過程と決定過程への従業員の参加を言う。多大な権限を持つ監査役会に，従業員代表を送り込むことができる点に，ドイツ的特質を見出せる。

　第2次世界大戦後，共同決定に関する法律が着々と制定され，共同決定制度が整備されていく。1951年，モンタン共同決定法が制定され，鉱山・製鉄・製鋼業の企業において共同決定制度が導入され，1,000名以上の従業員を抱えるモンタン産業（石炭・鉄鋼産業）の企業において，労使対等の共同決定を規定している。モンタン産業以外の企業については，1976年に共同決定法が成立するまで，経営組織法に基づく共同決定が実践される。

　1976年に成立した共同決定法は，2,000名以上の従業員を抱える資本会社（モンタン企業を除く）に適用される。ここで，監査役会のメンバーは，従業員・労働組合側と株主側が，それぞれ半数ずつを占め，議席数からは対等な決定が確保されることになる。ただし監査役会の決議で，同数となった場合には，議長（出資者代表）が次の採決で2票を持つので，議長の影響力は決定的となる。

　2004年6月に，経営組織法の一部は3分の1共同決定法として新しく制定された。新しい決定法では，従業員500人以上のすべての企業において，監査役会のメンバーの3分の1が，従業員および労働組合側で構成され，残りの3分の2は株主側で占められることとなった。

4　中国の企業統治

(1) 中国の企業統治改革の歴史

　1949年の建国から1979年の改革開放まで，新中国は計画経済の道を歩んできた。改革前の大企業は国有企業の形態で設立するのが一般的であった。また建

図表6-5　中国の上場企業数と時価総額

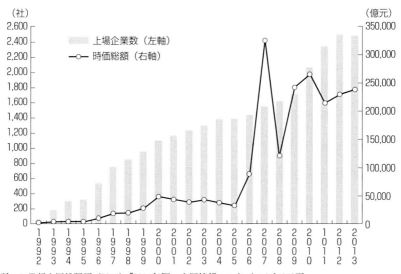

出所：21世紀中国総研編（2014）『2014年版　中国情報ハンドブック』348頁。

国前に存在していた官僚資本や外国資本の株式会社は，その後の「社会主義改造」によって国有化され，計画経済体制に組み込まれていた。

　1984年に，中国政府は都市集団所有制企業と一部の国営小型企業の活性化の1つの方法として，株式制度を導入すべきだという方針を打ち出した。一連の試行錯誤のうえ，1986年に，上海で比較的に規模の大きい国有企業の改革に，株式制度の導入を試みた。また1990年に上海証券取引所，1991年に深圳証券取引所が設立された。上場企業数は2013年末に2,489社に達し，有名企業のほとんどが上場している（**図表6-5**）。

　大中型国有企業の株式会社化は1992年以降，明らかに政府支配を強化する方向で展開されてきた。株式会社化は，私有化ではなく，政府支配下の企業の資金調達を目的に進められてきた。企業資産の現物出資と引き換えに政府に交付された「国有株」は，2006年6月まで市場での売却が制限され，企業を支配するための支配証券として，政府の手元にそのまま温存された。

　こうして国有株が支配証券として温存される状況下で，一般投資家向けの

「普通株」または流通株は，投資家の国籍や払込通貨，そして上場する証券取引所によって厳格に区分されて，A株・B株・H株などとして大量に発行された。

A株は基本的に中国人のみが所有可能な株式で，出資金は人民元によって払い込まれ，株式は上海または深圳の証券取引所に上場し，人民元で取引される株式である。これに対して，H株は原則外国人のみが所有可能な株式で，出資金は香港ドルによって払い込まれ，株式は香港証券取引所に上場し，香港ドルで取引される。B株は国籍に関わりなく所有可能な株式で，出資金は外貨によって払い込まれ，株式は上海または深圳のいずれかの証券取引所に上場し，外貨（上海は米ドル，深圳は香港ドル）で取引される。

1991〜2011年の間にIPOで発行された株数は，A株2,887億株，B株107億株，H株3,673億株となっており，香港市場は中国企業の資金調達に不可欠の場を提供してきた。

また，A株・B株・H株の区分は，外資の乗っ取りに対する防衛としても機能していた。潤沢な資金と野心を持った外国企業が買い集めうるのは，B株やH株である。政府公認の譲渡や認可を受けたQFII（適格外国機関投資家）を除き，外資がA株を購入することはできない。

国有企業の株式会社化といえば，先進国では国有企業の非効率経営からの脱却を連想しがちであるが，中国において赤字企業は株式会社化の対象として論外である。ただし，歴史の古い大手国有企業は，旧式の設備や巨大な福利部門を抱えていたため，優良資産のみを別会社化することによって，即席の優良企業を編成し，それを株式会社に改組する方式が考案された。中国では「包装上場」と称して，一種の分社型の株式会社化である。すなわち，大規模な国有企業が株式会社化される場合，資産の一部だけがその対象になり，元の国有企業は存続し，現物出資者として株式会社の親会社になることが多い。多くの場合，親会社は政府100％出資の有限会社に転換される。その結果，「政府→母体国有企業→上場企業」という二重の支配構造が形成されている。上場企業の筆頭株主に，政府支配下にある親会社が多いのはこのためである。

2006年６月に政府支配の担保であった国有株の売却制限が解除され始め，私

有化に向けて動き出した。この改革は「股権分置改革」（株主権分離設置改革）と呼ばれ，これまで市場で売買が制限されていた国有株などの流通制限を解除するものである。株主総会の決議により，売買解禁後も数年間は売却数や最低売却価格に縛りがかけられた企業も多いため，改革は現在なお進行中である。大株主が所有していた株式の流通はまだスタートラインに立ったばかりである。

(2) 中国の企業統治の特徴

　中国の株式会社において，多くの大株主は政府またはその代理人であり，共産党の支配下に組み込まれた存在である。中国の株式会社は，世界でも異質な存在であるといえる。

　国有企業は株式会社化後も，政府が株式所有を通じて支配している場合が多い。例えば，2005年末時点で上海証券取引所に835社が上場していたが，うち662社（79.3％）に「国有株」が存在していた。さらに，政府の持株比率が過半数を超えるものが370社あり，30％を超える企業も163社あった。筆頭株主以外の株主所有が分散している現状を考えれば，30％という持株比率は事実上の単独支配といってよい。また2007年の売上高で上場企業の上位50社のうち，政府支配下の企業が86％にも及んでいる。

　中国の上場企業の多くは，政府機関または国有法人が発行済み株式の大半を所有しているため，所有権をめぐるTOB（株式の公開買付）などの抗争の発生する余地は少なく，日本企業のような安定株主政策の必要性はほとんどない。しかし，集中的所有構造に起因する次のような問題が指摘されている。①大株主である政府機関または国有法人からの取締役の派遣，②親会社の取締役と上場企業の取締役の兼任，③企業内容の開示範囲，の問題などである。こうしたことを含めて，少数株主の利益・権利の保護の問題が提起されている。

　政府による上場企業支配は，その幹部人事に影響を与えている。上場企業の総経理（社長）や董事長（会長）は，母体国有企業の幹部か，政府官僚が担当するのが通例である。株主総会は当初から形骸化が著しく，株主数が数万人に及ぶ大企業であっても，会場出席者は数十人であることが多く，議案は通常

90％以上の賛成で可決されている。これに対して，当初から民間会社として設立された企業や新興分野の企業においては，一般的に政府の持株比率が低い。

中国では1990年代に入って，証券取引所の設立，会社法・証券法などの採択，株式上場規則，独立取締役制度の導入，上場会社の企業統治準則，国有資産管理条例などが施行され，株式会社，特に上場会社における企業統治システムの構築が行われた。

2006年に施行された新「公司法」（会社法）によると，上場企業の取締役会はその3分の1以上が必ず独立取締役で構成され，うち最低1名は会計専門家であることを要している。さらに，株主総会の決議により，取締役会の中に専門委員会（経営戦略，報酬，指名，会計監査）の設置を認める。設置する場合には，経営戦略委員会を除き，報酬・指名・会計監査の各委員会には，構成員の半数以上が独立取締役であることを要する。監査役会の設置は義務づけられており，その3分の1以上は労働者代表によって構成されることが規定されている。

このように，中国の株式会社の機関は，ドイツ型監査役会制度とアメリカ型取締役会（独立取締役と専門委員会の設置）の融合型である。また監査役会における従業員代表の参加は，ドイツの共同決定制度に類似していることが注目される。

第Ⅱ部

企業と社会

第7章

企業と社会の関係

1 社会的存在としての企業

(1) 企業への社会的要請

　企業というのは，事業活動を通じてモノやサービスを提供することで，社会に貢献する存在である。事業活動から生まれる社会への貢献は，実際にはモノやサービスの提供だけではなく，次のようなことが考えられる。①雇用を創出する（働く場と賃金を提供する），②納税する（行政を通じて直接関係ない人たちに利益を分配する），③人材を育成する（社会の役に立つ人材を育成し，時に放出する）。

　企業の目的は利潤追求であるが，規模の巨大化は，企業の所有構造，支配構造や組織構造を変容させ，企業の性格をも大きく変えてきた。大規模化により，所有者の支配力が低下し，企業の利害関係者の数と種類が増大した。また，人々が経済的・金銭的なものだけでなく，地位・名誉・自己実現など，非経済的なものまで企業に求めるようになった。

　大企業では，その社会的影響力・責任の大きさから，自己の存続こそが何よりも重視されるようになった。それに伴い，企業目的も「利潤追求」から「顧客の創造」へ変わってきた。利潤は顧客の創造のための原資であると同時に，その新目的の達成度を計るバロメーターとなったのである。

現代の大企業は以下のような社会的要請に応えなくてはならない。①生産や生活に必要な財・サービスの提供，②雇用の安定・拡大，③出資者の富の増大，④社会的サービス（福祉・教育・警察など）の原資の獲得，⑤社会的貢献（フィランソロピーなど）。

(2) 社会システムにおける企業の役割

　大規模化した現代企業は，もはや所有者のものでもなければ，誰か特定の人間のものでもない。社会から要請されたことを「企業の役割」として受け入れ活動し，企業が社会的器官となったのである。

　また企業の盛衰が社会の運命を決めるに至った。20世紀前半に起こった2つの世界大戦において，参加国の生産力・工業力と軍隊システムの優劣により，勝敗が決定された。

　かつては，企業が小規模で，個人の所有物であったときは，市場の動向が直ちに企業に影響し，その行動を左右した。企業の大規模化は，市場の影響を可能な限り吸収し，ついに企業は市場の変化を先取りするどころか，市場自体を作り出す力を持つに至ったのである。次々に消費者に欲しいと思わせるものを作り出してこそ，企業の存続・発展が可能となる。企業が生き残るためには，無限の市場創造が要請される。

　だが，企業は資源・エネルギーを取り込み，生産過程から生じた廃熱・廃水・排ガスや廃棄物を市場の外に排出し，二酸化炭素，フロンガス，ダイオキシン，産業廃棄物により，自然環境を破壊するほどになってきた。いわゆる環境問題である。

　企業の維持・発展のために，食品添加物などが生み出され，われわれの生活を変えていく。その商品を作り出す人々は，本当にその商品が欲しくて作り出したわけではあるまい。企業は今，新しい技術が可能となったから，それを使って商品を生み出せないかと，知恵を絞り作り出した商品を，欲しいと思わせるように，マーケティング技法を駆使する。

　現代企業は人々に収入・地位・機能を与える。しかし，会社のポストだけで

人々の社会的地位が決定する社会は，果たして健全といえるであろうか。会社を辞め，家庭で育児や家事に専念するようになった女性や，定年退職したサラリーマンの毎日は，どんな意味を持つのであろうか。

21世紀の企業は，市場と地域社会の両者の上に立つことにより，機能性を残しつつ，社会から要請される役割を果たし，かつ自然環境との共存を可能にすることが求められている。

2　企業とステークホルダー

(1)　現代企業とそれを取り巻くステークホルダー

企業は広範なステークホルダー（利害関係者）に対して，社会的責任を果たしていかなければならない。企業の利害関係者を市場・環境・人間・社会に分類すると，まず，市場関連のステークホルダーとしては，顧客・消費者，株主，取引先，競争相手，金融機関，債権者が含まれる。環境関連では，地球環境そのものが重要である。そのうえ，人間にかかわるステークホルダーには，従業員と労働組合が含まれる。最後に社会関連においては，行政機関，業界団体，マスコミ，NGOやNPOといった非営利組織，その他圧力団体が含まれる。

企業が発行する「社会的責任報告書（CSRレポート）」等において，一般的に登場する主なステークホルダーとしては，株主（投資家），従業員，消費者，取引先，行政，地域社会，そして地球・自然環境などが取り上げられている。それぞれのステークホルダーが有する企業に対する利害関係の関心事項を整理すると，以下の通りであろう。

① 株主・投資家：利益の継続的な創出，資産の保全・投資効率
② 従業員：働きやすい職場環境のための諸制度整備，雇用の安定
③ 消費者：良質の製品・サービスの提供と安全
④ 取引先：業務の継続・安定・拡張
⑤ 行政・政府：法令の遵守，経済活動の安定と適正化，法人税の徴収

> ⑥　地域社会：地域環境保護・保全，地域との交流・連携
> ⑦　地球・自然環境：地球環境の保護・保全

　企業はこれらの関心事項をいかに配慮しながら，企業利益との調和を保ち，健全な経営を実現させていくかが大きな課題であろう。

(2)　企業と株主

　株主（投資家）の利害関係の関心事項として，利益の継続的な創出，資産の保全・投資効率などが挙げられよう。企業の株主に対するCSR行動は，業績および財務の情報開示としてアニュアル・レポート（年次報告）の発行，特に投資家向けのIR報告書の発行である。

　1990年代後半より，株主と関連して，社会責任投資（Socially Responsible Investment：SRI）が世界的に活発化し，高い関心が寄せられている。企業にとっては，CSRに真摯に取り組むことでSRI投資を呼び込むことができれば，自社の将来のCSR戦略投資に必要な資金調達ができる。

　SRIとは，従来の株式投資の尺度である企業の収益力・成長性などの判断に加え，各企業の従業員・環境などへの配慮や取り組みを評価し，投資選択を行う行動である。つまり，投資対象の短期的な財務パフォーマンスだけでなく，社会・環境・倫理の側面からの価値判断も加えて，投資の意思決定を行う。SRIが投資市場に浸透してきたことは，企業を評価するに当たって，社会的責任が重視されるようになってきたことを意味している。

　企業年金基金および公的退職年金基金などの機関投資家は，株式の大量所有と大口売買を通じて，証券市場と株価に大きな影響力を持っている。近年においては，LBOのような取引によって資産価値の増大を図るよりも，むしろ企業への長期投資を通じて，投資先企業の健全な育成と成長を企図する機関投資家が多い。

　こうした考え方に立つ機関投資家は，経営者の執行活動に対して効果的な監視機能を担当し，経営者の権限をチェックすることに，より大きな関心を向け

ている。企業が業績不振に陥っているとき，業績悪化の原因が経営者にある場合には，そうした経営者の排除のために，機関投資家が議決権を行使する例は少なくない。

企業と株主の間に生ずる問題に対して，経営管理の観点から接近し解決を試みようとする活動は，投資家関係管理（IR）と呼ばれている。このような活動の基本方針には，①株主・投資家に対する情報公開の推進，②配当政策に対する考え方，③株主総会の運営，④従業員持株，⑤株主構成，⑥M＆Aに対する考え方，などを明らかにしなければならない。

(3) 企業と従業員

従業員は，企業にとって何なのか。1番目の考え方は，従業員は企業にとって労働力である，あるいは労働の提供者である。これは，米国の伝統的な製造業の現場の人たちに対して，古くから取られてきた考え方である。従業員は，経営の都合で必要なときに仕入れ，必要なくなれば解雇すれば良い。必要に合わせて，労働力を市場から調達するという発想である。そこにはキャリアという概念がない。

日本では，非正規雇用者（アルバイトやパート，期間工など）がそれに当たる。彼らは当然，同じ会社に一生勤めるとは思っていない。デイリーな仕事の枠を超えた全社的なビジネスや，今を越えた中長期的な発想での課題提起など，組織的なコミットメントが重要となるビジネスでは，このタイプの人材は機能しない。

2番目の考え方は，従業員は資産である。流動資産というよりも，固定資産であると考える。新卒から取り込んで，終身雇用で大事に育てる人材がこれに当たる。従業員は企業と運命共同体になるから，自分の仕事についても，中長期的なものの考え方をするようになり，企業全体の利益や成長にコミットする。これが日本の高度成長を支えてきたという側面がある。

資産というのは，支配可能なものでなければならない。支配可能ということは，たとえば，異動や転籍，キャリア・チェンジなど，社命が下れば何でも言

うことを聞くということである．終身雇用により，社内でしか通用しないようなスキルを積んでいるとなると，人は完全に企業に取り込まれてしまうものである．怖いのは，途中で資産である従業員を投げ出す事態に陥ったときである．経済的だけでなく，大きな精神的ダメージを従業員に与えることになる．社内に残る社員のモラールダウンにもつがなってしまう．

この考え方は，人材陳腐化のリスクが小さく，事業撤退などの再編が起こりにくく，全体として右肩上がりの時代にしか通用しない．そうでなければ，人材の陳腐化がどんどん起きたり，従業員は余ってしまう．

3番目に，社員は投資家であるという考え方である．社員はバランスシートに取り込まれる資産ではなく，知恵や行動などによって，外側からサポートする投資家である．創造的な知恵に投資することによってできあがる無形資産が，会社にとって重要である．従業員がリスク・ナレッジ，リスク・インテリジェンスに出資するのである．しかし，トップがビジョンや方向性を提示しなければ，無形資産やブランドにはならないであろう．組織力を構築し，シナジー効果を高めると同時に，ナレッジ・マネジメントが求められてくる．すなわち，知的資本経営の努力をしなければならない．

従業員の側から見れば，働くことの意味は大きく変わった．20年ほど前まで，仕事は収入を得るための手段であり，生活のために仕方なく行うものであって，自分らしい時間は仕事が終わってから追求しようとの感覚があった．

しかし，現在は仕事そのものが自己実現の場になっている．収入を得る手段という意味も残っているが，自らの知的満足を得たり業務上のスキルを学習し，他人とは異なる価値を見つけることで，仕事にやりがいを見出そうとする．言い換えれば，仕事を通じて，知的で精神的に豊かな生活を送りたいと願う人が多くなってきた．

以前の日本企業においては，1つの会社の中でいくつかのポジションを経験しながら，仕事を覚え，ネットワークを作っていくことが，キャリアアップを意味した．いわば，企業側が用意した人材ローテーションを通して，様々な経験を積んでいく，受身のキャリア形成だったといえる．しかし，こうしたキャ

リアは，その企業の中では通用するが，企業を出て市場に出たらそのままの価値が通用するとは限らない。今の若者は，もっと汎用的なスキルを身につけることが自分の生き残りの上で必要だということを感じ始めている。

　つまり，自分のキャリアについて，自らが理想像を作り，そこに必要なスキルを獲得しやすい職場環境を探す，自律のキャリア形成が求められてきている。多くの会社で，社内公募型の人材異動やFA制と呼ばれる，自らが希望する職場を選択する動きが出ている。

　経済成長期の日本企業のモチベーションは，基本的には金銭的報酬と出世であった。地位が上がれば，個室がもらえ，社用車がつき，秘書が世話してくれる。報酬も上がり，多くの部下に指図をすることができた。しかし，現在のような経済成熟期になると，企業規模は大きくならず，かつ組織階層が削減されフラット化しているから，出世しようにもそもそもポストが足りない。右肩上がりの状況でない中で，金銭的報酬だけで動機づけしていくのも非現実的なのである。また従業員側は，企業主導の受身のキャリア形成に甘えることは，非常にリスクが高いことだと理解しなくてはならない。

　現場にわくわく感が溢れ，従業員が元気な会社は，従業員が自らの目標を明確に語り，仕事を通じてスキルを高めたり，経験を積むことでやりがい働きがいを感じている。それが質の高い商品・サービスにつながり，ステークホルダーの満足度を引き上げる。

　企業の従業員に対する社会的責任に関して，ここでは，従業員の働きやすい職場環境の整備，また雇用の安定確保などの視点において，人的資源に関する諸制度との関連で検討してみたい。

　まず，女性従業員にとって働きやすい職場環境の整備に関して，「男女雇用機会均等法」の遵守が要求される。また，従業員雇用の多様化への対応として，高齢者・障害者・外国人従業員などの適正な雇用と処遇が要求される。

　高齢者雇用については，65歳定年制の法制化に対応して，定年後の再雇用制度やワークシェアリングの導入などが挙げられる。障害者雇用については，法定雇用率以上の身体障害者または知的障害者を雇用しなければならない，とさ

れている。

　さらに，外国人の雇用については，在留資格を持たない外国人を雇用することは，入管難民法に違反することになるため，企業はこのような不法就労行為を行ってはならない。

　少子化問題への対策として，企業は「育児介護休業法」への積極的な取り組みが求められる。従業員のワーク・ライフ・バランスのとれた企業は，一定の基準を満たしていれば，厚生労働省による「ファミリー・フレンドリー企業」の表彰対象となる。

　企業内従業員福祉制度として，法定福利制度は当然のことながら，任意で取り組む法定外福利制度の改善と充実が求められる。また，従業員のボランティア活動支援として，ボランティア休暇制度やボランティア休業制度などの整備・導入も要求される。

　そのほかには，従業員の勤務体制の柔軟化対策として，フレックスタイム制度（裁量労働制度）などの導入により，従業員のプライベートな生活時間の充実化と無駄な残業時間の除去を可能にする。

　さらに，従業員のインセンティブ向上をもたらす制度としては，従業員持株制度，ストックオプションなどがある。

　職場の安全・衛生・健康対策としては，病気による特別休暇，リフレッシュ休暇，メンタルケア，セクシャルハラスメント対策などが望まれる。

(4) **企業と消費者・顧客**

　消費者との良好な関係づくりは，企業にとって継続的な事業活動を展開するうえで欠かせない。高品質の商品を作り，欠陥商品の発生に細心の注意を払うことが要求される。不良品を消費者に販売した場合，消費者が企業に対して抱く不信感は決定的なものとなるので，企業はそのようなことを発生させないように，適切な生産管理を行い，品質管理を徹底しなければならない。国際規格ISO9000シリーズを認証取得することにより，自社製品の品質保証を消費者や取引先に対してアピールすることができる。

企業は消費者とのコミュニケーション活動として，広告や広報を推進していく。企業は自社製品・サービスの購入者に対して，顧客満足を高めることが求められる。

　戦後の日本における消費者問題の歴史を振り返ると，企業は数々の消費者の生命・身体・財産を脅かす事件や問題を引き起こしてきた。森永砒素ミルク事件，水俣病，イタイイタイ病，カラーテレビ二重価格問題，第1次石油危機時の買い占め・売り惜しみ問題，等々枚挙に暇がない。

　1968年に消費者保護基本法が制定され，行政指導の下に消費者対応部署が設置された企業は，1980年頃には1千社を超えた。その後，消費者問題はますます多様化・複雑化した。

　クレジットカードの普及とともに，訪問販売，通信販売，電話勧誘販売など，特定商取引での不当な取引条件や行為が社会問題化し，さらに金融商品，インターネット販売など新たな商品と取引形態の普及によるトラブルが多発し，消費者契約法の制定・改正が続いている。

　近年は，国際的に企業不祥事が頻発し，特に食品に関しては，食中毒事件，BSE問題，偽装表示，農薬・添加物使用基準違反などの事件が多発し，新たな対応が求められている。2004年に，消費者保護基本法が改正され，消費者基本法となった。

　日本の消費者運動は，行動スタイルを反映し，広く不買運動を組織するような展開にはならない。主として，行政へのアクションにより，企業行動への規制を求めてきた。これに対して欧米，特にアメリカでは，ボイコット（不買）運動や，消費者の訴訟活動が盛んであり，近年は繊維製品メーカーであるナイキの途上国での不当な児童労働を批判したナイキ・ボイコット運動が展開された。

　企業が消費者との関係を維持するうえで，カギとなるものは消費者の満足にある。つまり，消費者は企業との相互作用を通じて，満足を得られれば，当該企業と将来にわたって取引をしようと思うし，不満を感じれば，この関係から離脱するのである。これまでの多くの企業は，消費者の不満およびその表出で

ある苦情（complain）への対応は，顧客の怒りをなだめるといういわば「消火」「鎮静」的な活動をイメージされている。

しかし，苦情マネジメントの本旨は，むしろ自社の製品・サービスを向上させるために，消費者からのフィードバックを得るシステムに他ならない。苦情の中には，当該製品・サービスに対する彼らの偽りのない意見や感想が込められているからである。そのため，苦情は放置すべきでなく，むしろ積極的に引き出したほうが有利になる。なぜなら，本来なら失っていたはずの消費者が，苦情を表明したことで，再度当該製品・サービスを購入してくれる確率が高まるからである。また，たとえその消費者を失っても，企業が苦情を認知すれば，不幸な消費者を1人でとどめることが可能になる。それを知らなければ，消費者の喪失が連鎖化する可能性が高い。

企業は，消費者の苦情に関心を示し，積極的に対応する姿勢を示すと共に，彼らがどのようにすれば，企業とコンタクトできるのかを明らかにし，消費者が心理的・物理的・時間的な抵抗感を取り除かなければならない。そして，消費者が気軽に苦情を表明できるような環境を創造する必要がある。

企業が作った製品に欠陥があり，それが原因で購入者に被害が及んだ場合，企業は製造物責任（Product Liability：PL）が問われ，損害賠償責任を負うことになる。日本では，製造物責任法（PL法）は，1994年に公布され，1995年に施行された。

日本のPL法のモデルになったのは，1960年代のアメリカの製造物責任に関する判例である。その判例においては，企業側が被害者に対して損害賠償責任を負うというルールであり，被害者は企業側の過失を立証しなくてもいい。いわゆるこれまでの過失責任主義に基づく判例が通用しなくなったため，企業はよりいっそう製品についての責任を強く求められることになったのである。

この法律による訴訟はまだ少なく，企業の対策の取り方も様々である。しかし，この法律の制定により，企業の製品に対する安全性への意識が高まり，説明書を詳細にする変化が見られている。

さらに，企業は商品の資源採取・製造・流通・使用・リサイクル・廃棄の全

ライフサイクルについて，一貫して責任を持つことが求められる。

(5) 企業と政府

　企業，特に巨大企業や業界団体は，政治活動に参加して，政府の政策決定や政党活動に影響を与えている。そのルートは，政府の各種審議会や委員会などに加えて，企業献金である。日本経団連は，日本の巨大企業の総司令部的存在であり，会長は「財界総理」とも言われる。企業献金は，法人企業が利益の一部から政党等に寄付する資金である。

　企業権力を規制する外部機関の1つの代表は，いうまでもなく国家ないし政府である。政府規制は歴史的に，所得格差，貧困，公害，環境汚染などの外部不経済のように，市場による自動調整作用では解決しないこと，つまり市場の失敗を除去・是正する役割を持って登場した。1980年代以降の「小さな政府」論の下で，公共サービスや公企業の民営化，規制緩和が行われてきた。

　ビジネスに対する規制の多くは政府による法規制として行われているが，このほかに証券取引所のような機関が上場基準などによって，上場企業の行動を規制している。

　企業の行う活動が，ステークホルダーに不利益をもたらし，それが社会問題化してくると，政府や議会は問題を解決するために，法律・規則・条例などの制定をスタートする。また，国際的・社会的要請に対応して，一定の政策目的から企業の活動に介入し，誘導するための規制が行われている。

　法規制が企業に対して，行政への許認可・届出等の手続きを要求するために，立地選定・工場建設・機種選定・製品計画・雇用確保などをめぐる企業の意思決定が著しく遅延するかもしれない。

　規制が企業内部に大きなインパクトを与える場合がある。政府の法律制定による規制強化・緩和により，企業は経営方針の変更，売上や利益の拡大・縮小，コストの増加・減少など様々な影響を受ける。企業は法令により行動を規制・統制されることに対して，十分に認識しておくことが必要である。

(6) 企業と地域社会

多くの企業の経営方針・経営理念や報告書などに，しばしば地域社会がステークホルダーの1つとして取り上げられてきている。その意味では，企業の地域社会関係の維持が経営上の重要な課題の1つである，との認識が次第に広がってきたといえる。

これまでの企業の地域社会への活動では，祭り・行事への寄付，地域社会出身学生への奨学金，地域の文化・技術振興事業への支援，従業員のボランティア活動などが盛んに行われている。しかし，地域社会の構成主体は企業に対して様々な要求や期待を持っている。例えば，住民から雇用機会の提供について強い要望があったり，工場周辺の交通事故・渋滞などの防止要求が強い場合，従業員のための福利施設を地域に開放することよりも，これらの問題解決を優先すべきであろう。また，地域の行政機関が行う各種の施策や計画を知り，それに協力することは当然であろう。

企業の地域社会関係に影響を及ぼしつつある制度的要因の1つとして，近年環境関連の法制度が制定され，たとえば，循環型社会形成推進基本法（2001年施行）のほかに，資源有効利用促進法，容器包装リサイクル法，家電リサイクル法，食品リサイクル法，建設資材リサイクル法，自動車リサイクル法などが相次いで制定されていることである。これらの法規制は，企業が地域社会に立地し事業活動を行う場合，各事業所において省資源・省エネ・リサイクルに積極的に取り組むことが要請され，また製品・サービスの設計・開発・企画において，環境への負荷をアセスメントすることが要請されている。

また，土壌汚染対策法（2003年）が施行され，工場内の埋没廃棄物の除去はもちろんのこと，地下水の浸出などによる工場の近隣への汚染拡大を防ぐことも義務づけられ，地域社会からの監視の目が厳しくなることは確かである。企業は地域社会における企業市民として，最低限，地域社会のルールに従いコンプライアンスを実行することは言うまでもないが，地域社会に対する具体的な目標・方針を策定し，実行していくことが求められている。

たとえば，地域住民の新規雇用，臨時社員・アルバイトの雇用，現地企業からの製品・部品・資材・サービスの購入，現地ベンチャー企業に対する投資・融資，グリーン調達比率や産廃物再生利用比率など。企業の地域社会との関係は近年，環境経営・環境管理を徹底することをベースに，事業活動を展開するという考え方が重要になっている。

3　企業市民と社会貢献活動

(1) 企業市民の意識

近年，企業市民（corporate citizenship）という考え方がクローズアップされ，企業にも個人と同様に，市民としての意識・活動が要求されるようになってきている。

これまでは，良い質の製品・サービスを安く消費者に提供し，労働者によい職場を提供し，政府に税金を納める企業が良い企業だったが，それ以上に広範囲の様々な社会的貢献も要求されるようになってきた。

アメリカの多くのコミュニティは，犯罪の増加，麻薬・アルコールの乱用，教育の荒廃，失業，貧困など，実に多くの問題を抱えている。これらの社会的問題の解決や芸術・文化などへの積極的な社会貢献を行うことは，企業に十分な理由が存在している。

寄付などの社会貢献活動は，労働者のレベルの上昇をもたらし，企業にとって大きなメリットになる。また，環境問題などに取り組んでいる企業は，雑誌などのメディアに取り上げられ，消費者にその会社名と評価が知らされ，購買行動につながることも多い。さらに，良い会社という評価・評判は，従業員のモラールアップをもたらし，優れた人材を引き付け，社会性を重視する投資家（SRI）に好感を持たれるだろう。いわゆる「啓発されたもしくは見識ある自己利益（enlightened self-interest）」という経済的・功利的な考え方が存在するのである。

(2) 企業の社会貢献活動

　企業活動の国際化，社会の価値観の多様化等を背景に，日本企業においては1980年代後半から従来の付き合い寄付や陰徳とは違う形で，体系的かつ組織的に社会貢献活動に取り組み始めた。それから20年余り，内外の激しい環境変化と厳しい経済情勢にもかかわらず，企業の社会貢献活動は定着化するとともに，担当者の工夫などによりその活動は多様化している。

　経団連では，企業の社会貢献活動推進のために，環境整備に取り組む「社会貢献推進委員会」と実践・情報提供の「経団連１％クラブ」の２つの組織を設けている。そして，活動の一環として，1991年より毎年，経団連会員企業ならびに１％クラブ法人会員を対象に，「社会貢献活動実績調査」を行っており，その結果を公表している。

　2013年に行った調査によると，企業が社会貢献の目的で支出した2012年度の「社会貢献活動支出額」は，回答企業309社の１社あたり平均額は4.46億円であった。1990年代以降を通して見ても，社会貢献活動支出額の１社平均額は，おおむね４億円前後で推移しており，1980年代の後半に本格化した企業の社会貢献活動は，20年余を経た現在，厳しい経済環境のもとにありながらも定着化してきている。

　また，企業が社会貢献活動に取り組む理由としては，「社会の一員としての責任」が一番多く，次いで「利益の一部を社会に還元する」，「イメージアップに繋がる」となっている。最近の傾向としては，「社風の形成に役立つ」，「社員が社会貢献活動を行う企業を望む」など，社会貢献活動の自社の社員に対する影響を重視する回答が目立ってきている。

　そして，実際に活動を推進するために，回答企業の75％で社会貢献活動の基本方針を明文化する，65％の企業で専門部署または社会貢献担当者を設ける，50％の企業で予算制度を導入するなど，何らかの形で社内体制・制度を整備してきている（図表７-１）。

　なお分野別活動内容は，1990年代では健康・医学・スポーツ，学術・研究，

第7章　企業と社会の関係

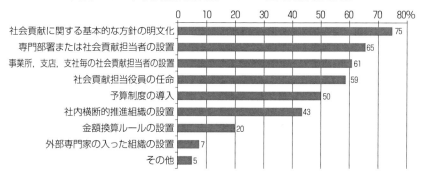

図表7-1　社会貢献活動実施のための社内制度導入状況

出所：経団連「2012年度社会貢献活動実績調査結果」2013年10月15日。

文化・芸術に偏っていたが，近年では教育・社会教育に移ってきている。2011年度は東日本大震災の影響が大きかったため，災害被災地支援がトップになったが，2012年度は再び教育・社会教育がトップとなっている。

　企業が取り組む社会貢献活動には，現金や物品の寄付，企業組織として取り組む社会貢献活動プログラムの中で従業員が活動するもの，従業員個人が参加しているボランティア活動への金銭の支援や休暇制度の整備による支援など様々な形が見られる。

　社会的貢献の方法は，金銭の寄付が中心であるが，ボランティア休暇制度の導入など，徐々にいっそう多様化していく傾向にあると言えよう。

第8章

企業の社会的責任

1 CSRの概念と企業行動

(1) 企業の社会的責任（CSR）

　CSR（Corporate Social Responsibility）は，一般的に企業の社会的責任と訳され，ここ20年ほど頻繁に登場している。CSRは企業経営において自発的に環境への配慮や社会問題への取り組みを通して，持続可能な未来を築いていく活動である。

　厳密には，CSRは概念が固まっているとは言い難く，最も基本的なCSR活動として挙げられるのは，企業活動について，利害関係者に対して説明責任を果たすことであるとされる。しかし，その対象は今や環境（対社会）はもちろん，労働安全衛生・人権（対従業員），雇用創出（対地域），品質（対消費者），取引先への配慮（対顧客・外注）など，幅広い分野に拡大している。

　伝統的なCSRの正論として，企業は本業に専念し，本業を通じてCSRを果たすべきという考え方があった。良い財やサービスを提供することで生活の向上に寄与する，あるいは雇用機会を増やすことで社会に貢献することがその内容である。企業として，不祥事の予防や法令遵守さえしておけば，十分であるという発想になりかねない。

　他方，企業は利益追求を超えた社会的使命を持つという積極的CSRの考え方

図表8-1　CSRのピラミッド

戦略 ↑ 義務	慈善的責任	「良き企業市民であれ」 コミュニティへ経営資源を貢献し, 生活の質を向上する。
	倫理的責任	「倫理的であれ」 正義・公正の義務を果たし, 他者を傷つけない。
	法的責任	「法律に従いなさい」 法律は社会の善悪の成文化ルールであり, ルールを守りプレーする。
	経済的責任	「利益を上げなさい」 他のすべての責任の基礎。

出所：A. B. Carroll and A.K. Buchholtz (2006), *Business & Society*, 6th ed., p.40より修正して作成。

もあった。1980年代の日本では，メセナ（文化・学術支援活動），フィランソロピー（慈善活動・寄付行為）が流行したが，バブル経済崩壊に伴う企業の業績悪化により一過性に終わった。

　今日のCSR概念は，地球規模の持続的発展（サスティナビリティ）を模索する社会の要請の高まりを受け，広がりと深みを持つものになっている。

　利益も上げられない企業がCSRを果たせるはずがない。むしろ利潤動機を様々なステークホルダーの価値創造に生かしていくべきである。また，社会との共存共栄の観点から，法令遵守のみならず，高い倫理観に基づいた企業市民としての社会貢献が求められている。

　この新たなCSRを網羅した概念を提示しているのが，キャロル（A.B. Carroll）のCSRのピラミッドである。キャロルはCSRを4つに分類し，経済的責任を土台として，その上に法的責任，倫理的責任，そして最上段に企業市民としての社会貢献責任（慈善的責任）を置いている（**図表8-1**）。

　まず，「経済的責任」がある。社会の欲する製品・サービスを開発・生産し，公正な価格で提供し，従業員や株主に還元し，国には税金を払うことこそ，企業の基本的な責任であり，ピラミッドの土台となる。

　次に，「法的責任」がある。企業は法律を遵守し，コンプライアンス経営を行わなければならない。人と同じように，社会の中でルールを犯さないことが

求められる。犯罪や法令違反の企業が社会的責任を果たすことは不可能である。

その上に,「倫理的責任」がある。社会のメンバーが企業に対して期待する付加的な行為や役割が存在する。例えば,顧客満足の追求を目指したお客様相談センターの設置,さらに,身体障害者の雇用率目標や工場の水質汚濁に関する法律以上の自主目標の設定,従業員の福祉厚生施設の充実などがこの領域である。

最後に「慈善的責任」または「社会貢献的責任」がある。企業の自由裁量や自発的行為に基づいて,文化支援活動,チャリティやボランティア活動などに取り組む責任である。良き企業市民として地域社会や生活の質の改善に貢献する。従業員に対するボランティア休暇制度による支援や,女性が働きやすい職場を目指した育児休業や,企業内託児所などを整備することなどがある。

これら4つのCSRの構成要素は相互排他的なものでもなければ,企業の経済的責任をその他の責任と並列的に扱うことを意図するものでもない。また,経済的責任とその他の責任は対立関係にあるものではなく,これらの総体としてCSRを捉えるべきである。

(2) トリプルボトムラインとステークホルダー

いろいろな団体が様々なCSR定義を提示しているが,共通する要素として「トリプルボトムライン」と「ステークホルダー」を挙げることができよう。

ボトムラインとは,決算書の最終行のことを指す。そこから,収益・損失の最終結果を意味する言葉として使われてきた。それが3つ(トリプル),すなわち①経済,②環境,③社会,であるというわけである。

企業は従来,利潤を追求する主体であるとの見方から,売上高・利益・シェア・株価といったもっぱら経済的な観点から評価されてきた。しかし,企業活動が環境や社会に与える影響が無視できないため,社会的・環境的な観点からも評価する必要があるという考え方が,この言葉に示されているのである。

一方,ステークホルダーとは利害関係者である。どんな企業にとっても,まずは,自社にとってどのようなステークホルダーが存在するのかを把握・特定

することがCSRのスタートラインである。企業とステークホルダーのコミュニケーションは，共通の目的や理解が共有されているという暗黙の前提があると考えられる。そして，そのコミュニケーションにインテグリティ（誠実性），アカウンタビリティ（説明責任），トランスペアレンシー（透明性）といった要素を導入せざるを得ない。

　誠実性とは，嘘をついたり，相手を騙そうとしたりしないこと，正直なことである。説明責任とは，関わりのある人に対して自らのことをきちっと説明して，その内容について責任を果たすことである。透明性とは，原義はガラス張りのことであり，つまり隠し事をしないこと，正直に情報を開示することである。これら3つが内容的に重複する部分があることから分かるように，本来は総合的な1つとして捉えるべきかもしれない。

(3) 株主主権論とCSR

　株主主権論とは，株式会社において，株主が主権者であり，経営者は株主の委託を受けて企業経営の実務を担当し，株主利益の最大化を目的として活動しなければならないとする考え方である。

　こうした株主主権論から，企業が本業以外の分野で，社会貢献活動を行うことは，株主の利益を損なう可能性があり，慎むべきであるという主張を展開した中心人物が，ミルトン・フリードマン（Milton Friedman）である。彼の主張を要約すると，次のようになる。

① 企業活動の究極の目的と使命は，最適効率とコスト削減を通じて，利益の最大化を図ることである。
② 企業がそれ以外の活動に関わると，コスト負担を増大し，利益を圧迫することとなり，株主をはじめとする多くの利害関係者に不利益をもたらす。
③ 多くの企業は，社会的な諸問題に関与し，処理するだけの能力を持ち合わせていない。
④ 社会問題に関与させることは，企業権力のさらなる巨大化を招きかねな

い。

⑤　企業は行政機関と異なり，大衆に対する説明責任を有していない。

しかし，フリードマンは，企業が社会的責任を果たすことや，社会貢献活動をすることに対して，真っ向から否定しているわけではない。ただ，そうした活動は企業本来の活動ではないと主張しているだけである。株主の利益を損なうような社会貢献活動はするべきではないし，また許容されないという指摘は，ある意味で理にかなったものである。

現代企業を取り巻く環境は複雑性を増しており，企業が多様なステークホルダーの期待に応えるということは，結果として，主権者である株主の利益にも適うものであろう。

(4)　CSRとしての企業行動

ところで現在，企業が行うべき社会的責任の内容を，より具体化しようとする動きが活発である。企業は様々なステークホルダーに対してCSR活動を実践していく。

まず，社会の要請を反映しながら，CSRを推進するシステムの構築である。企業は株主を含むすべてのステークホルダーの利害を調整する役割を担っており，この視点から，経営者行動のチェック・監視システムを構築すべきであろう。社外取締役・社外監査役の積極的登用，監査役の機能強化，株主総会の活性化などが挙げられる。また，情報公開とステークホルダーとのコミュニケーションも不可欠である。

経営者は経営理念に基づく行動基準を策定し，従業員に対する教育・研修プログラムを通じて，全社に周知徹底させていく必要がある。日常の活動についても，コンプライアンス委員会を設置して，法令遵守をチェックすることが必要である。こうした取り組みは，企業自らの誠実性を社会にアピールする機会としても有効である。

企業の本来業務である有用な財・サービスの提供においても，CSRとしての配慮が求められる。顧客重視の観点からは，企業は顧客に対して，自社の財・

サービスの品質を保証し，安全性を高め，万一の場合には，迅速にリコールを実施しなければならない。

　また，購入の際に必要な基本情報の提供，顧客クレームへの誠実な対応，不具合・欠陥などのネガティブ情報の積極的公開も徹底しなければならない。

　環境への配慮という観点からは，事業活動にかかわる省資源・省エネ・有害物質の徹底管理，３R（Reduce, Reuse, Recycle）の実施，地球温暖化防止や自然保護につながる技術開発への取り組み，環境重視の製品開発と生産システムの考案などが望まれる。これらはすべて企業の本来業務にかかわるCSRであり，企業は経営戦略の一環として組み込まれるべきものである。

　従業員にかかわるCSR活動としては，雇用差別の撤廃，男女雇用機会の均等，職場安全・衛生の確保，健康管理の徹底といった基本的人権にかかわるものから，能力・キャリア開発支援，適正な人事制度の運用，従業員とのコミュニケーション促進といった自己実現に向けた取り組みまでが求められる。多国籍企業の海外進出国での強制労働・児童労働などは許されざる行為である。

　さらに，よき企業市民としての社会貢献活動も実践していかなければならない。たとえば，財団設立による学術・文化・芸術・スポーツを支援するメセナ活動，各種寄付・奨学金の提供，物品提供といったフィランソロピー活動を，NPO・NGOや各種ボランティア団体と提携しながら実践する。あるいは，従業員に対してボランティア活動への参加を促すために，ボランティア休暇・休職制度を設けるといったことも積極的に発案されていい。

　こうした社会貢献活動をコストではなく，長期的投資であると捉え直す発想の転換が必要である。企業にとって，CSRはすでに重要な経営戦略にほかならず，そのような発想に基づく取り組みは「CSR戦略」と呼ばれている。

　企業はCSRに積極的に取り組むことで，リスクマネジメントの強化，企業ブランド価値の向上，株式市場からの評価の向上，優秀な人材の確保，従業員の意欲の向上，社会ニーズに適応した財・サービスの開発促進，省資源・省エネなどによる経営全般コスト削減といったメリットが得られる。

2 企業倫理

(1) 企業倫理の考え方

　倫理とは社会的に受容された行動の基準を示すものであり，企業倫理（business ethics）は，企業行動の「正しさ」の基準である。つまり，企業倫理が営利活動を含めた企業のすべての活動を行う際の規範である。

　企業の目的は利益追求であるが，企業活動上で最重要かつ守るべき基準は企業倫理である。守るべき基準としては，法令遵守はもちろん，自然環境や社会環境，人権保護といった道徳的観点から企業活動を規定し，組織として統率する考え方・仕組み・運用方法を含めた考え方を含む。

　日本では企業倫理＝法令遵守（コンプライアンス）と取られることもあるが，むしろ法令だけではカバーできない領域を規定することも重要である。法令で明確に定義できる領域でなく，法令遵守だけではカバーできない領域を企業倫理の領域とする考え方もある。そのためには，自社の企業理念や行動指針としての倫理感・判断基準となる価値観を明確に定義することが重要である。

　たとえば，ナイキ社はアメリカの有名な運動靴メーカーであるが，同社は1990年代に厳しい社会的批判を浴びた。海外の進出先であるフィリピン，インドネシアなどの工場の極端に安い労賃，劣悪な労働環境，児童労働などの実態がマスコミを通じて報道され，公衆の怒りを買い，アメリカおよびヨーロッパでナイキ製品は不買運動の対象となった。

　同社は当初，安価な労働力を求めて活動拠点を移転させることは，コスト削減という経済的効率性の観点から合理的である。そして，低い賃金の支払いは進出先の法律に照らせば合法的である。さらに，進出先での児童労働は禁止されておらず，労働環境についても緩やかな規制しかないので，違法ではないと主張した。

　しかしながら，欧米の消費者・マスコミは，たとえ経済合理性があり合法的

であっても，ナイキ社の経営は倫理的には許されないと批判した。ナイキ社は改善を約束せざるを得なくなり，不買運動により莫大な損失を被った。

(2) グローバルな舞台における倫理問題

　世界中に拠点を配置して活動する多国籍企業においては，本国とは異質な多様なステークホルダーとの関係を構築していく必要がある。その際，現地の商習慣・労働条件・文化・環境基準への適応を徹底すべきであるのか。それとも本国やグローバルな基準で行動すべきであるのか。企業倫理に関する衝突が生じやすいのである。

　たとえば，コスト削減を徹底しようとすれば，本国の水準とはかけ離れた低賃金国での労働力確保，現地では法的に認められる児童就労を行うなどしてしまう。また，ホスト国で円滑にビジネスを展開するためには，賄賂の贈与が習慣化されている場合，有力な政府高官に賄賂を贈るか，もしくは倫理性に適って，ビジネスの機会を失うかのジレンマに直面してしまう。従業員の雇用や企業の繁栄を維持するために，反倫理的な行為は許されるのであろうか。

　そのほかにも，多国籍企業が関係する企業倫理の問題として，進出先の環境保護や住民の健康・安全を考慮して，現地適応化するのか，それとも合法であるならば，経済的効率性を優先するのかといったジレンマがある。

　さらに脱税・租税回避の問題がある。移転価格を不正操作することで，特定国の現地子会社に利益を計上し，逆に別国の子会社の利益を抑制するなどして，財務状況を粉飾するのであろうか。

　通信技術や輸送技術の発達が，各国市場を同質化に向かわせ，各国国民・民族独自の伝統や慣習に基づく嗜好を捨て去り，世界最高の品質と世界最低の価格を兼ね備えた製品・サービスを求める。世界市場が同質化の方向に移行すれば，企業に求められるのは，製品の標準化を図り，国家特殊的優位性に基づいて，世界規模で拠点の配置場所を決め，グローバルに統合化を遂行することで，経済的効率性を高めることができるのである。

　しかし，現在このようなグローバル化は完全に達成されているわけではない。

現実には，経済の発展段階や開放経済の取り組みは各国で異なり，政治・法制度・文化・社会は，国や民族での相違が依然大きい。各国市場のニーズも業界や製品レベルで異なっているし，宗教や文化的な配慮を欠如した経営戦略はマイナスの側面をもたらすだけでなく，国家間の政治的軋轢をも助長してしまうのである。

ホスト国の文化・慣習を無視して，自国の常識や慣行にとらわれていたら，現地への適応化を怠り，現地からの批判を受けるだけでなく，現地での業務停止につながり，撤退することを余儀なくされることもありうる。

このジレンマを解決する手段として，近年では，一国レベルでの法制度や価値観の相違を超えて，国家間で共通理解が得られるような企業倫理ガイドラインや，環境マネジメントに関するシステムでの標準化が進められている。

(3) 企業倫理の制度化

企業倫理の確立は企業の内部で制度化した仕組みに依存する。具体的には，倫理担当部門の設置，倫理綱領・行動憲章などの制定・遵守，役員任命や担当部署設置などの組織体制，倫理教育・訓練体系の設定・実施，相談窓口や内部告発制度といった制度の確立，役員から現場レベルまでの全社での教育・研修，企業倫理の浸透状況の継続的な評価，さらに倫理規範違反事実の開示と厳正な対応といった施策が必要である。

日本企業においては，企業倫理室やコンプライアンス部などの名称で担当部門が置かれるようになっている。倫理担当の役員は「エシックス・オフィサー」と呼ばれ，通常は副社長クラスの人間が任命される。

コンプライアンスは，あらゆる分野において，企業が守るべき一定水準の法令を遵守することを意味する。つまり，コンプライアンスは企業倫理の尺度として最低限守るべき行為として強制されるものである。

コンプライアンスは職種や所属部門によって，その内容と重要性は変化する。たとえば，工場はPL法，廃棄物の処理および清掃に関する法律など，商品開発部門は知的財産権に関する法令，人事・総務部門は男女雇用機会均等法，男

女共同参画法など人権問題に関する法令や、贈収賄の規制に関する法令、営業部門は独占禁止法や不正競争防止法などの遵守が重要となる。業務内容によって関連する法令は異なることから、それぞれの領域に合わせた内容で企業倫理の教育・訓練を実施することが有効である。

企業が社会的規範に従うべきという企業倫理の考えは、企業の利潤追求行動が広く負の外部性を持つ場合があるという認識により正当化される。

3 環境経営

環境経営とは環境問題に積極的に取り組み、環境負荷を低下させることで企業の社会的責任を果たす経営手法である。環境対応はコストがかさむという従来の考え方を捨て、環境問題に取り組むことで持続的成長につなげようとする新しい経営スタイルといえる。具体的には、環境マネジメント・システムの国際規格ISO14000の取得、排出物を出さずすべて再利用するゼロ・エミッションなどを通じ、企業価値の向上を図る。

(1) 産業公害問題から地球環境問題へ

高度経済成長期の日本では、熊本・新潟の水俣病、富山のイタイイタイ病、四日市ぜんそくの産業公害が大きな社会問題となるとともに、企業の社会的責任が厳しく問われた。当時の産業公害は、大気汚染、水質汚濁、地盤沈下、騒音、振動、悪臭など多様であったが、ほぼ特定の地域に限定され、加害者である企業の活動と公害の発生との因果関係を明瞭に捉えることが比較的容易であった。

1967年に「公害対策基本法」が制定され、その後様々な規制が次々と発令された。公害防止の法体系が整備されていった。企業の社会的責任についても、汚染者負担原則が採用された。企業側の努力もあり、1978年版『環境白書』が「もはや公害は終わった」と発表した。

他方、1980年代後半から、世界的に地球環境問題がクローズアップされるよ

うになってきた。従来の公害が一定の地域に限定されるものであったのに対して、環境破壊問題は国や地域を超えた課題であり、グローバルな視点から捉えていくことが必要である。

　また従来の公害問題では、特定の発生源と被害との間の因果関係を見出し、発生源の責任を法律によって直接規制して対処することが重要であったのに対して、環境問題の場合は、一般に発生源を突き止めることが困難で、地球に住む多くの人に被害が及ぶ。解決のためには大量生産・大量消費・大量廃棄を前提とした経済・社会システムそのものを変革し、ライフスタイルを環境負荷の少ない循環型社会へ転換することが求められている。

(2)　**日本企業の環境経営**

　日本企業の環境に対する取り組みを見ると、1960〜70年代には受け身の環境対策として、公害対策投資などが義務的に実施された。80年代以降、環境リスクが企業経営にとっての大きな課題となり、予防的措置が経済的との意識から、ある程度自主的に環境対策が講じられてきた。

　1991年に経団連が「地球環境憲章」を制定した。これを契機に日本の産業界では大企業の環境憲章の制定が相次いで行われた。持続可能な社会の構築には、企業が地球環境に対する附加をより少なくしていくような事業活動を推進する「環境経営」の実践が不可欠となる。その実践の国際規格として、ISO14001が1996年に発行された。21世紀に入ってから、日本企業のISO14001の認証件数が飛躍的に増大し、環境報告書を作成する企業も増加した。

　1990年代後半以降、日本では各種の環境関連法が整備され、消費者のグリーン・コンシューマーとしての意識が高まり、環境対応をビジネスチャンスと捉えて経営戦略に位置づけ、積極的にエコビジネスを展開する企業も数多く出現してきた。

　環境ビジネスの分野としては、廃棄物処理・リサイクル、公害防止、土壌改良などの環境修復・創造、風力・太陽光発電、燃料電池などのグリーンエネルギー分野、低公害車のような環境調和型製品、あるいはエコツアーなどの環境

関連サービスが注目されている。

　周知のように，トヨタは他社に先駆けてハイブリッド車を開発したことで，国際的にもエコカーの主導地位を確立した。今や家電製品においても，省エネ機能は欠かせない付加価値となり，住宅も自然エネルギーを取り入れる工夫が経営戦略の一部となっている。

　また，企業が環境保全に取り組むことは，環境事故回避によるコスト削減にもつながる。大規模な環境事故では，汚染の除去，罰金など多額の費用負担を強いられ，社会的な信用やイメージも大いに損ねる。さらに，環境規制を遵守せず，社会的な罰則を受けた場合，利害関係者への信用回復のためのコストは大きい。

　限りある資源やエネルギーを大切に使い，環境負荷を少なくして，廃棄物の出ない経済社会の構築のために工場のゼロ・エミッション化が目指されている。また，製品の設計から製造・使用・廃棄に至るまでの全過程での環境への影響を，定量的に分析・評価し，環境負荷を最小限にとどめることを目標としたシステムとしてLCA（Life Cycle Assessment）がある。さらに製品の流通段階で，梱包材や配送方法を見直して，環境負荷低減を目指すグリーン・マーケティングが企業の間で一般化しつつある。

4　日本企業のCSR活動のゆくえ

(1) 日本における企業の社会的責任論の登場

　1974年に日本経済新聞社が編集出版した『企業の社会責任ハンドブック』において，企業の社会的責任について次の3つの要素を挙げている。第1は，社会に迷惑をかけないこと，第2は，企業の本来の機能を全うすること，第3は，企業の本来の機能の枠を越えて，社会的な諸問題の解決に参加・協力するなど，広く社会環境の改善・向上に積極的に貢献することである。今から30年以上も前に提示されたこの考え方は，現在でも十分説得力を持つと思う。

社会に迷惑をかけないこととは，最近の言葉を使えば，コンプライアンスや法令遵守ということであろう。企業の本来の機能を全うすることは，企業が収益を上げ，税金を納めることである。特に3つ目の点は，環境貢献や地域貢献といった意味を含む，広い意味における社会貢献を指すものと考えてよいであろう。

　1988年6月30日付の日本経済新聞には「改めて問われる『企業の社会的責任』」と題する社説が載っていて，「最近の企業をめぐる相次ぐ不祥事をみていると，政官界のモラル低下と共に，企業の経営者や幹部に『企業の社会的責任』意識が欠如しているように思われる」と書いている。また，1988年12月，財界4団体首脳はリクルート疑惑に関する見解書をまとめ，リクルート疑惑のような不祥事を未然に防ぐため「企業人一人一人が企業の社会的責任を自覚し，企業モラルの問題として自省自戒しなければならない」と強調した（注：リクルート事件とは，リクルートの創業者である江副浩正社長が，グループ内のリクルートコスモス社の未公開株を当時の政治家をはじめとする有力者多数にばら撒いた事件である）。

　1990年代に入って，証券会社による損失補填，多数の有力企業による総会屋への利益供与など，様々な企業不祥事が発覚した。この頃になると，企業の首脳は「今後は企業倫理の確立に努めたい」という表現を使うのが目立ち始める。その後，「社会に迷惑をかけない」ことを意味する言葉として，企業の社会的責任ではなく，むしろ「企業倫理」のほうが頻繁に使われるようになり，その一方で，企業の社会的責任は，メセナやフィランソロピーへの関心が高まると共に，「社会貢献」に結びつけられて理解される傾向が強くなっていったのである。1990年代後半頃から，「コンプライアンス」や「法令遵守」が頻繁に使われるようになった。コンプライアンスとは，法令を遵守する体制や仕組みのことを指すのが一般的である。

　1990年代以降，日本企業の社会貢献活動に質的な変化が見られるようになった。社会貢献を担当する部署を設置し，戦略的に取り組む企業が増え，金銭的寄付だけでなく，施設・設備，人材，ノウハウといったほかの経営資源を，社

会に提供することを考える企業が増えた。

1990年には，社団法人企業メセナ協議会が設立され，経団連が経常利益や可処分所得の1％相当額以上を，自主的に社会貢献活動に支出する趣旨で，「1％クラブ」を設立した。これらは，企業の社会貢献活動が組織的に展開され始めたことの証拠である。

また，1991年頃から，従業員の自己実現の機会を増やす狙いから，ボランティア休暇・休職制度や，ボランティア支援制度を整備する企業が増えた。

阪神淡路大震災後の企業支援を契機として，企業がNGOと手を組んで実践的な活動を展開するといった事例が増え，また企業がNPO法人を設立するケースが出てきている。

21世紀に入ってから，企業の社会的責任やCSRに再び関心が高まる中で，企業の社会貢献のスタンスが，利益還元型から経営戦略型に向けて移行し始め，よりいっそう戦略的に活動を展開するようになっている。

1990年代には，「企業の社会的責任」は主として，フィランソロピーやメセナに代表される社会貢献活動を指し，社会に迷惑をかけない側面に関わる「企業倫理」ないし「コンプライアンス」と使い分けられる傾向が見られた。ところが，近年，社会に迷惑をかけない側面についても，企業の社会的責任を使う場面が増えた。21世紀の新しい文脈の中で，再び企業の社会的責任に関心が集まるようになり，とりわけCSRとして表現されるようになるにつれて，企業の社会的責任には新たな息吹が吹き込まれ，単なる社会貢献を意味する言葉ではなく，いっそう多くの内容を含む言葉として使われるようになった。

(2) 日本におけるCSR活動のゆくえ

CSRはどのような問題をカバーするのであろうか。日本では，環境・人権・労働・地域貢献・法令遵守といったものが指摘されることが多いが，見方によっては，CSR事項の範囲は限りなく広がる可能性がある。もっとも，個々の企業の立場で考えるときに，当然のことながらCSR事項は特定されざるを得ない。自社にとって追求すべきCSR事項は何かが検討され，選択されたものの中

で優先順位がつけられる。

　真のCSRは，社会とのコミュニケーションによって維持されるものであり，企業が都合よく取り組んで社会を欺いたり，自己満足したりするものではない。

　日本企業における企業倫理のコミュニケーション啓発活動では，相談・通報体制が近年重要とされている。その背景には自動車メーカーのリコール隠しや大手食品メーカーの食品偽装問題などの不祥事が相次いだことがある。また，セクシャルハラスメントのヘルプラインなどの相談体制についても，各企業で設定されてきた。

　日本的慣習でホットラインという概念は，密告制度の印象が強く，日本的和の経営や仲間同士の人間関係を重視する慣習から馴染まないとされてきた。しかし，社会の価値観が変化し，消費者が安全・安心を強く求めるようになり，さらに違法行為を通報することに対する社会的受容性が高まったことなどで，通報に対する心理的な抵抗感が少なくなっている。

　今後はいっそうの取り組みを期待するとともに，大企業に比較してまだまだ遅れている中小企業の取り組みも課題として残されている。より上位のレベルを目指す企業努力とそれを維持する社会的ニーズがあれば，日本企業のCSRがより完成度の高いものとなるのは間違いないであろう。

第9章

企業とNPOの連携

1 現代日本社会とNPO

　NPO（Non-Profit Organization）とは，一般的に民間非営利組織と呼ばれている。営利を目的とする企業とは異なり，NPOは社会的使命（ミッション）の達成を目的にして活動している。

　日本では1995年の阪神淡路大震災以降のボランティア活動が契機となって，1998年に「特定非営利活動促進法（NPO法）」が制定・施行される以降，その認知度は年々高まっている。内閣府『国民生活白書』によれば，2000年には「NPOのことを全く知らない」という人が国民の約半分を占めていたが，わずか3年後にその数は1割にまで減少している。NPOの存在は現代の日本社会の中に徐々に定着しつつある。

　日本におけるNPO法人の申請数と認可数の推移を見ると拡大の一途を辿っており，2014年6月末には全国で4万9,165の団体が認証を受けている（**図表9-1**）。

　少子高齢化，情報化，規制緩和など長期の社会変化に対応する新しい公共の担い手として，NPOへの期待はさらに高まっている。2011年の東日本大震災の復興支援においても，NPOは機動力を活かした素早い対応と得意分野に特化した個別ニーズ対応で，大きな役割を果たした。これを受け，2012年4月から改正NPO法が施行されることとなった。

第Ⅱ部　企業と社会

図表 9 - 1　NPO法人認証数の推移

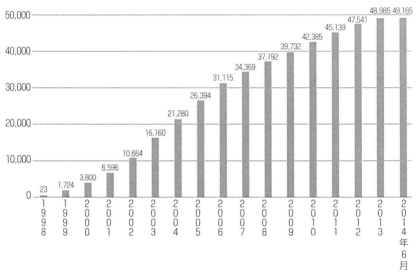

出所：内閣府NPOホームページのデータにより作成。

　日本社会におけるNPOの台頭に伴い，企業のNPOに対する認識にも変化が起きている。大部分の企業がNPOを多様な市民社会の担い手，そして社会貢献活動の有力なパートナーという視点で捉えている。近年，企業とNPOの協働や行政とNPOの協働も注目を集まっている。

　しかし，ボランティアが中心的になって活動しているNPOにとって，経営資源をいかに継続的に獲得していくかは大きな課題である。そこで，ビジネスを通じて社会的な課題を解決するという新たな事業体，すなわち社会的企業と呼ばれるものが 1 つの流れとして期待されている。

2 ｜ NPOの特徴と活動分野

(1) NPOの特徴

　NPOの非営利性とは，活動から得られた利益を出資者に分配しない，つま

り利益の非分配という意味であり，収益活動をしないという意味ではない。資本や労働力を提供した者は，それに見合った対価を受け取ることができる。

NPOの活動目的は，それぞれのNPOが設定した人や社会を変える長期的なミッションの追求にある。そのミッションに賛同した人たちが，ボランティアとして活動に参加したり，会員となって会費を納めたり，支援者として寄付を提供したりするのである。

NPOによってミッションはそれぞれ異なるため，統一的な基準で評価することはできず，多様な基準を組み合わせる必要がある。

(2) NPOの活動分野

NPOの活動内容や存在形態は多種多様である。文化・芸術，教育，保健・医療，福祉，環境，災害救援，まちづくり，国際協力などの課題克服を目的に運営されている。

NPOの活動分野を見ると，約6割の団体が保健・福祉・医療の活動を行っている。また4〜5割の団体は社会教育の推進，子供の健全育成，まちづくり推進などの活動を行っている（次頁図表9-2）。

3 企業とNPOの関係

2000年代に入る頃には企業不祥事が相次いで報告された。米国では，エンロンやワールドコムなど粉飾決算が発覚し破綻してしまった。日本でも不祥事が相次いで報道され，企業体質や経営者の倫理が問われることになった。

これらの事件を通じて，NPOによる企業監視活動が活発化し，人権や環境を無視する企業は，しばしばNGOや市民運動から標的にされ，厳しい抗議を受けてきた。有力なNPO，例えば，途上国での先進国企業による買収・汚職を告発するTransparency International（1993年），企業を監視するATTAC（1998年）やCorporate Europe Observatoryなどが設立されるようになった。グリーンピース，WWFなどの国際NPOは企業との協働プロジェクトやキャン

図表9-2　NPO法人の活動分野

(2014年3月末)

活動の種類	法人数
保健・医療・福祉の増進	28,698
社会教育の推進	23,229
子どもの健全育成	21,588
まちづくりの推進	21,328
学術・文化・芸術の振興	17,143
環境の保全	13,895
職業能力の開発・雇用機会の拡充	11,655
国際協力の活動	9,343
経済活動の活性化	8,501
人権の擁護・平和の推進	8,129
地域安全	5,562
情報化社会の発展	5,562
男女共同参画社会の形成促進	4,346
災害救援	3,794
消費者の保護	3,082
科学技術の振興	2,703
観光の振興	1,144
農山漁村・中山間地域の振興	1,033

注：1つの法人が複数の活動分野の活動を行う場合がある。
出所：内閣府NPOホームページのデータにより作成。

ペーンを立ち上げていった。

　その後，経済・環境・社会の3つの側面を，ビジネス活動の本業に組み入れていくという考え方は，「トリプルボトムライン」という概念で理論化され，多くのイニシアティブへ結びついていった。

　他方，NPOの活動戦略にも大きな転換が起こった。これまで政府や企業を監視・批判・告発・デモをし，企業を攻撃する活動が目立ってきたが，90年代後半から，協働（パートナーシップ）という新しい戦略が明確に意識されるようになった。政府や企業と話し合い，理解を得て，一緒に協働して活動し，社

会を変えていくという戦略である。

　企業活動を監視し，実態を調査し，社会的責任を問いかける活動を展開するNPOが多かったが，企業のCSRを分析・評価する専門NPOが登場し，企業のCSRデータを豊富に提供し公開するようになった。さらにフェアトレードなどを追及するNPO活動も増え，社会のニーズの変化に対応して，いち早く新しいサービスを提供していく事業型NPOも登場するなど，NPO活動は多様化し，進化してきた。

　NPOは時には，不買運動や訴訟を通じて，メッセージを企業に届けようとすることもあり，企業経営の大きなリスク要因となった。逆にNPOと協働によって，企業改革や活力の育成に大きな成果を上げるケースも登場するようになった。とりわけ多国籍企業にとっては，NPOとの協働関係の構築は今や，非常に重要な企業戦略となっている。

4　企業とNPOの協働

(1) 企業とNPOの協働

　企業が社会貢献活動を行うに当たって，それぞれの専門領域で専門性と経験を持つNPOと協力しながら，社会的課題の解決に取り組む動きが広がっている。

　企業とNPOの連携・協働（コラボレーション）は両者に大きなメリットがある。まずNPO側から見ると，企業から資金・ヒト・技術的な支援を得ることができ，その活動の幅を広げていくことができる。また，協働を通してビジネスの世界を知り，マネジメント技法などを学ぶこともできる。

　一方，企業側から見ると，NPOはそれぞれの領域で専門的な知識やネットワークを持っており，社会的な事業に関わっていくに当たって重要なパートナーとなる。企業が社会的課題の解決に貢献することで，ステークホルダーからの信頼を高めることにつながる。さらに，企業人は社会貢献活動を通して，その世界に触れ，異なる価値観を経験することができる。

企業がパートナーシップを組む場合，NPOが専門的な知識・経験・ネットワークなどを持っているかがポイントとなる。支援・寄付だけを求めるNPOは魅力的ではない。その際に，事業委託の要求に対応可能な実力があるか，事業意欲があるか，相互の目的が一致するか，企業への理解があるか，などといった基準で相手を選ぶべきであろう。

NPOはきちんとした組織運営，ガバナンス体制がなされていなければ，社会的信頼を得ることはできない。理事会の体制のみならず，内部統制システムが機能しているか，年次活動報告書や財務報告書を公開しているか，社会的事業の成果の測定と評価を行っているか，が重要な点である。

社会的課題の解決に向けて，新しい取り組みのスタイルや仕組みを提示し，ソーシャル・イノベーションを進めていくには，社会的企業家精神が不可欠である。

(2) 企業とNPOの協働の仕組み

企業はNPOとの協働を進めるために，以下のような仕組みを構築してきている。

① NPOの声を経営中枢に組み入れるため，企業のトップがNPOと定期的なコンタクトの場やコミュニケーションを図る仕組みを作り上げる。
② NPOがマルチステークホルダーを巻き込んで多くの「企業行動基準」を作り上げている。企業はそれらに参加することによって，自社のCSR対応をNPOの国際ネットワークを通じて広報できる。
③ NPOのイニシアティブによって多くの認証制度が開発されている。企業はこうした認証製品を扱うことによって，本業の中でCSR企業としての取り組みを迅速かつ容易に本格化できる。
④ NPOは企業と協働して取り組むべきプロジェクトを開発している。企業はこれらへの参加によって，自社の改革へとつなげることができると共に，新しいビジネスへの参入ともなりうる。
⑤ CRM（Cause Related Marketing：コーズ・リレーテッド・マーケティン

グ)。次項で説明する。

(3) CRM

　CRMは，社会的課題への取り組みを掲げて，販売促進活動を行い，その売上の一部をNPOなどに寄付しようとするものである。CRMは，企業にとって，ステークホルダーからの評判や信頼を高めることができ，結果としてブランド価値を高め，売り上げを伸ばすことができると期待されている。近年では，CRMを差別化戦略の1つとして位置づける考え方も増えている。

　近年，社会に対して何らかの貢献をしたいという「ソーシャル消費」への意識の高まりが見られるようになった。CRMによって，コーズに共感する人あるいは社会的課題に関心ある新しい消費者を取り込むことができる。消費者にとっては，身近な商品・サービスを通して，社会問題に触れることができ，間接的に支援することが可能となる。

　一方，NPOにとってのメリットも大きい。CRMは安定的な寄付獲得の有益な手法であるのみならず，企業のマーケティング力を借りることで，単独では成しえない大きなキャンペーンの展開が可能となる。信頼できる企業との共同広報・宣伝を通して，そのミッションや扱う社会的課題を多くの人が知ることになる。

　通常CRMでは，企業がNPOなどの社会的課題の解決に取り組んでいる団体とパートナーシップ（協働関係）を組んでいる。

　たとえば，UCC上島珈琲と国際環境保護団体であるレインフォレスト・アライアンス（RA）とのパートナーシップがある。UCCが発売するコーヒーのパッケージに，RAが認証したことを証明するカエルのマークと同団体の名称をプリントし，RA認証コーヒーの販売を通じて，コーヒー生産地の自然保護と労働環境保全に貢献する。

　他方，CRMは社会的・慈善的なニーズというより，企業が新しい顧客を引きつけるための1つのマーケティング戦略にすぎないという批判もある。NPO側は注意しなければ，企業イメージの向上に利用されるだけで，逆に企

業と組んだことでそのイメージを損ねてしまうことがあり得るかもしれない。

したがって，企業はコーズの選択とパートナーNPOの選定が重要である。取り組むコーズと本業の関係性の分かりやすさを強調し，また寄付額などの情報を積極的に提供することが重要な意味を持つ。

消費者が自ら支援したい信頼できるNGOをパートナーとして組む際に，1つのNPOだけでなく，社会的課題を共有して活動する複数のNPOと組むこともできる。また日頃から付き合いがあると，お互いの信頼感も醸成されており，スタートがスムーズに行くであろう。

さらに，ユニセフのような国際機関や，サポーターが多く国際的に展開している国際NPOは，強い広報力とネットワークを持っている。しかし，プロジェクトの大きさやキャンペーンの内容に応じて，小さいが重要な社会的課題に取り組んでいるNGOと組むのも新鮮であり有効である。

最後に，日本企業のCRMの事例を2つ挙げておこう。トイレットペーパーメーカーの王子製紙の子会社である王子ネピアは，東ティモールの1,000の家庭にトイレを作るキャンペーン「千のトイレプロジェクト」を2008年から実施している。毎年一定のキャンペーン期間を設け，期間中の売上（対象商品のティッシュ，トイレットロール）の一部を，ネピアからユニセフの「水と衛生に関する支援活動」へ寄付し，サポートするものである。この寄付金で，ユニセフは東ティモールに，1,000の家庭トイレを建設し，5つの学校のトイレと給水設備の建設・修復を通じて，子供とその家族の命と健康を守ることを目指す活動を行う。このキャンペーンの実施で，同社の国内シェアは3位からトップへ上昇した。

一方，学研は，大学進学志望者向け参考書シリーズ「Top Grade」の売上の1％を寄付して，その資金でカンボジアの教材支給プロジェクトを実施している。また，月謝や購読料などの決済機能付き社会貢献型クレジットカードの利用額の一部で，フィリピンやタイでの学校建設プロジェクトを支援している。

第10章

企業活動の社会的評価

1 多様な企業評価

　環境問題，地域社会の問題や人権などに，企業がどれだけ積極的に取り組んでいるかということを，市場において評価するようになってきた。企業を評価する物差しは変化しつつあり，財務的な指標のみならず，非財務的な指標も含め，トータルに測ろうとする試みが増えている。たとえば，アメリカで代表的なもとして，企業評判指数，良い企業市民ベスト100，最も尊敬される会社，などが挙げられる。

(1) 企業評判指数

　企業評判指数（Corporate Reputation Quotient）はステークホルダーが企業をどう見ているかを測る指標であり，主観的アピール，製品・サービス，財務的パフォーマンス，ビジョン・リーダーシップ，労働環境，社会的責任の6つの領域から20の項目にわたっての評判を総合的に評価する指標である。

　2014年上位10位にランクインしている企業は次の通りである。①Amazon，②Coca-Cola，③Apple，④Walt Disney，⑤Honda Motor，⑥Costco，⑦Samsung，⑧Whole Foods Market，⑨Microsoft，⑩Sony（*The Harris Poll 2014 RQ Summary Report*）。

　この指標の考え方は，評判（レピュテーション）は企業の過去の行動や将来

の見通しについて，ライバル企業と比較をした際に，ステークホルダーが持つイメージの総体であると捉えている。ステークホルダーからの支持・信頼は，今後企業が市場における競争優位を得る重要な戦略的な資産となっていく。

(2) 良い企業市民

アメリカのCorporate Responsibility誌が毎年『米国のベスト企業市民100社（America's 100 Best Corporate Citizens）』を選出し発表している。7分野すなわち環境，気候変化，雇用関係，人権，ガバナンス，財務，慈善活動といった項目の公開情報によって評価し，それらをトータルでランクづけしている。

2014年上位10位にランクインされた企業は次の通りである。①Bristol-Myers Squibb，②Johnson & Johnson，③Gap，④Microsoft，⑤Mattel，⑥Weyerhaeuser，⑦Ecolab，⑧Intel，⑨Coca-Cola，⑩Walt Disney（http://www.thecro.com/files/100BestList.pdf）。

(3) 尊敬される会社

アメリカでは経済誌を中心に様々なメディアが企業を評価する際に，社会的な指標を積極的に取り入れようになっている。中でも，Fortune誌の「最も尊敬される会社（Most Admired Companies）」ランキングの影響力は大きい。その評価基準は革新性，人的管理，従業員の質，企業資産の利用，社会的責任，経営の質，財務的健全性，長期投資の価値，製品・サービスの質，そしてグローバル競争力である。

2014年の世界ランキングは次の通りである。①Apple，②Amazon，③Google，④Berkshire Hathaway，⑤Starbucks，⑥Coca-Cola，⑦Walt Disney，⑧FedEx，⑨Southwest Airlines，⑩General Electric（http://fortune.com/worlds-most-admired-companies）。

(4) 日本における企業評価の現状

ここ数年，CSRの議論の広がりを受けて，日本でも出版社や新聞社などが

図表10-1　東洋経済と日経の企業ランキング上位5社

東洋経済CSR企業ランキング (2014年)	日経総合企業ランキング NICES 2013
1　NTTドコモ	1　セブン＆アイHD
2　富士フイルム	2　トヨタ自動車
3　日産自動車	3　日産自動車
4　キヤノン	4　NTTドコモ
5　トヨタ自動車	5　東レ

出所：東洋経済オンライン（http://toyokeizai.net）2014年5月12日，および『日本経済新聞』2013年11月29日付より作成。

CSRを踏まえた企業評価を試みている。日経ビジネス誌，日本経済新聞，週刊東洋経済などがランキングを出している。CSRの定義や評価項目の設定はそれぞれ異なっているが，いずれも社会的な関心を高める役割を果たしたといえる。

　日本経済新聞社の総合企業ランキングNICESは企業を取り巻くステークホルダーに注目し，ステークホルダーの視点ごとに企業を評価して，これらを合算して総合ランキングを作成するシステムである。企業向けアンケート調査や財務データなどから評価指標を作成し，「投資家」「消費者・取引先」「従業員」「社会」「潜在力」の5つの視点から企業を評価している。

　これに対して，東洋経済のCSRランキングの評価方法は「人材活用」，「環境」，「企業統治」，「社会性」，「財務」の大きく5つの指標でランキングを作っている。東洋経済のランキングは，財務の評価項目がかなり大きなポイントしている。この2つの企業ランキングの上位5社の最新リストは**図表10-1**に示されている。

　しかし，こうしたランキングだけでは，経営実態は分からない。環境面では5点満点の4点といわれても，他社に比べてどこが優れているのか。人権への配慮が2点としても，何がマイナス要因となったのか，第三者が判断できる情報はないのである。

　そこで，東洋経済新報社は2005年から『CSR企業総覧』を刊行している。このデータベースの新しい点は，すべての質問項目に対して，企業がどう答えた

かをすべて公表しているところにある。6つの領域，すなわちCSR基本対応，ガバナンス，雇用・人材活用，消費者・取引先対応，社会・地域・国際貢献，環境において，基本的な制度的対応状況について聞いている。2014年版は上場企業を中心とする有力・先進1,210社におけるCSRの取り組みを，豊富なオリジナルデータで企業ごとに紹介している。こういったデータベースを誰でも入手できることの意義は大きい。

2　企業価値を測る新しいモノサシ

　時代の変化とともに，社会から求められる企業像は変わってくる。したがって市場社会の変化に従って企業を評価するモノサシも変化する。これまで日本では企業を評価するモノサシとしては，売上高・経常利益・マーケットシェアなどが重視されてきた一方，ROE・配当・株主価値などは軽視されてきた。しかし，こういったモノサシは1990年代以降変わりつつある。企業の株主構造は大きく変化しており，外国人投資家の持株比率が増えたため，株主価値の最大化が求められるようになってきている。

　モノサシの変化は，さらに社会的に責任ある企業経営が求められるようになってきた。持続可能な発展を求める時代の中で，企業価値をトータルに測る新しいモノサシが提示されるようになってくる。企業価値を測るに当たって，無形資産の部分が重要になってきた。アメリカの企業評価機関であるイノベスト社によれば，1980年代半ばまで，企業価値は財務諸表で約75％把握することができた。しかし今では15％程度しか把握できない。つまり，無形資産の価値，たとえばステークホルダーとのかかわり，ガバナンス体制，環境マネジメント，人的資本を評価することが，決定的に重要な意味を持つようになった。

　良い製品やサービスを提供できたとしても，その生産工場において環境対策が不十分で，環境リスクを抱えていたり，途上国におけるサプライヤーの工場において，人権問題を抱えていたりしては，市場から評価されることはなく，ステークホルダーの支持を得ることはできない。結局，株主価値を毀損するこ

とにつながってしまうのである。

3 SRIにおける企業評価

社会的責任投資（SRI）とは，基本的に企業活動を財務面のみならず，社会・環境面からも評価し，投融資先を決定していく方法である。1990年代後半から，SRIによる企業評価の方法が欧米を中心に広がっている。SRIは大きく3つのスタイルから構成される。

① ソーシャル・スクリーン

財務的指標と社会・環境的指標によって企業評価を行い，投資対象銘柄を選定し，投資信託を組み立てたり，年金運用を行ったりする。スクリーンには2つのスタイルがある。ネガティブ・スクリーンは，特定の価値観から特定産業・企業（武器製造，タバコなど）を選別し排除するスタイルである。ポジティブ・スクリーンはCSRを果たしている企業を積極的に評価し，投資対象銘柄として選定するスタイルである。

② 株主行動

株主が経営者と企業経営のあり方について対話を行ったり，議決権行使を行ったりする。資産運用会社が機関投資家あるいは個人投資家に代わって，投資先企業の経営者に意見を求めたり，改善を要請したりすることをエンゲージメントと呼んでいる。

③ ソーシャル・ファイナンス

社会的課題に取り組む事業に資金を提供する。次の3つのスタイルに区分できる。A．地方都市や大都市内部において，荒廃・衰退した地域の開発・支援にかかわる投資・融資。B．社会・環境・文化的な付加価値を生み出していく社会的事業やプロジェクトに資金供給する。たとえば，教育・健康・自然エネ

ルギー・有機農業・フェアトレード事業などへの融資。Ｃ．金融機関が投資を行うに当たって，その事業の環境や社会に与える影響を配慮する。

　SRIは1970年代，社会的に問題のある企業を排除するスタイルが中心であった。教会，社会運動団体，大学などによる排除スクリーンが中心であり，必ずしも財務的パフォーマンスを考慮することなく，社会運動の1つの手段として利用されてきた。1980年代の終わりから90年代に入ると，SRIは企業の社会・環境面でポジティブな評価スクリーンを行い，財務面と合わせ評価していくスタイルである。個人投資家がCSRを果たしている企業銘柄を選択することに関心を持つようになってくる。

　また，年金基金を中心に，機関投資家がSRIを組み入れるようになり，運用に当たって社会的・環境的な問題点を意識するようになってくる。環境リスク，人権リスクなどを抱えていれば，機関投資家は中長期の資産運用を考えたとき，CSRにかかわる問題に着目せざるをえなくなるのである。

　2000年代以降，企業のあり方を問う新たな課題が現れた。エンロンやワールドコムなどの事件で，コーポレート・ガバナンスの不全が問われ，SRIの評価基準の中に改めてガバナンス体制や透明性といった要素をチェックする動きが強まっている。企業を評価するに当たって，財務的要素と非財務的要素を合わせて，トータルに評価することの重要性を理解する人が増えてきている。

4　グローバル・コンパクトとSA8000

　1990年代半ば以降，国際機関，経営者団体，NGOなどがそれぞれの立場から，企業の行動基準や倫理規定を示している。例えば，国連のイニシアティブによるものとして，企業の行動規範である「グローバル・コンパクト」がある。これは1999年の世界経済フォーラム（ダボス会議）において，国連のアナン事務総長（当時）が，企業行動原則として提唱したものである。

　NGOの主導による企業行動の基準としては，SAIによる人権と労働に関する規格SA8000やGRIによるサスティナビリティ報告書作成のためのガイドライ

ンなどがある。さらに経営者団体であるコー円卓会議による「企業行動指針」，日本経団連の企業行動憲章などがある。

(1) **国連グローバル・コンパクト**

　国連グローバル・コンパクト（UNGC）は，各企業・団体が責任ある創造的なリーダーシップを発揮することによって，社会の良き一員として行動し，持続可能な成長を実現するための世界的な枠組みづくりに参加する自発的な取り組みである。

　UNGCに署名する企業・団体は，人権の保護，不当な労働の排除，環境への対応，そして腐敗の防止に関わる10の原則に賛同する企業トップ自らのコミットメントのもとに，その実現に向けて努力を継続している。グローバル・コンパクトの10原則は**図表10-2**の通りである。

　グローバル・コンパクトは，人権・労働・環境の３つの領域に，腐敗防止を含めた企業行動規範である。当初は関心を示す企業は少なかったが，その後CSRブームに乗ったことで，世界各地でローカル・ネットワークを作り，政策対話や情報提供を行うなどの努力を積み重ねてきた結果，参加企業数が急増しており，現在では世界約145カ国で１万を超える団体（そのうち企業は約7,000）

図表10-2　国連グローバル・コンパクトの10原則

人　　権	原則１：人権擁護の支持と尊重
	原則２：人権侵害への非加担
労　　働	原則３：組合結成と団体交渉権の実効化
	原則４：強制労働の排除
	原則５：児童労働の実効的な排除
	原則６：雇用と職業の差別撤廃
環　　境	原則７：環境問題の予防的アプローチ
	原則８：環境に対する責任のイニシアティブ
	原則９：環境にやさしい技術の開発と普及
腐敗防止	原則10：強要・賄賂等の腐敗防止の取組み

出所：グローバル・コンパクト・ジャパン・ネットワークのHP（http://ungcjn.org）より作成。

第Ⅱ部　企業と社会

が署名している。

　特に途上国を中心に，中小規模のサプライヤーの参加が増えている。多国籍企業がサプライヤーに対して，グローバル・コンパクトへの調印を要請するようになっている。グローバル化が進むにつれて，現地で問題が発生したとき，「それはサプライヤーの問題であるから関係ない」と言って逃げることはできない。

　これらの原則は自主的な行動基準であり，企業は参加の署名をするだけでよく，法的な規制力はない。グローバル・コンパクトに加わった企業はロゴを使用できる。企業の自主性に任せるため，サインだけでグローバル・コンパクトにかかわったことを宣言できる体制に対する懸念がある。形だけのものにせず，経営に生かしていくには，先の10項目を組み込んだマネジメント・システムを実際に構築していくことこそが重要なのである。

(2) SA8000

　これはアメリカのSAIというNGOが中心に取り組んでいるスウェット・ショップに特化した国際的な企業行動規格である。SA8000の項目としては，①児童労働，②強制労働，③健康と安全，④結社の自由と団体交渉の権利，⑤差別，⑥懲罰，⑦労働時間，⑧報酬，⑨マネジメント・システム，がある。

　SA8000は審査登録機関の調査による第三者による認証システムとなっており，企業の労働環境についての方針や現場が細かくチェックされ，合格した企業だけがSA8000の取得ができることになる。一度取得すると3年間有効だが，6カ月ごとに定期審査を受ける必要がある。

　日本企業でイオン，パナソニックなどでは導入事例があるが，ISO26000と比べ少ない。しかし，途上国に工場があり，そこの企業の労働環境評価のフレームワークで使うという事例は今後も大いにありうる。近年，途上国を中心に中小規模のサプライヤーの認証が増えている。

　企業にとってSA8000を取得することは，企業のイメージアップ，社会的評価・信用力の向上，競合他社との差別化などにつながり，また，健全な労働環

境をつくることによって、トレーニングによる技能の向上、労働災害の減少、職場におけるコミュニケーションの向上によって生産性が上昇するなどのメリットも生まれる。

グローバル・コンパクトへの調印、SA8000の認証を受ける動きの中で、特に中国や途上国の企業の参加が増えている。欧米の多国籍企業が、サプライヤー契約を結ぶ際に、人権・労働・環境などの問題に関して体制を整備しておかないと、批判される危険性が増している。したがって、調達の条件の1つとして、これらのスタンダードにサインすることを求めている。欧米のIT企業や自動車メーカーなどが、サプライヤーとして日本の大手メーカーにも要請している。

5　SR規格のISO26000

ISO26000は、ISO（国際標準化機構）が2010年11月に発行した社会的責任（SR）に関する国際規格である。この規格づくりは、2001年4月ISOの理事会がCSR規格の開発の可能性と要否の検討について打診したことに端を発す。当時、CSRの重要性が世界中で高まり、多種多様な行動規範やガイドラインが次々と作られていた。その中で、企業活動は国境を越えるため、国際的な統一基準が求められるようになった。

ISO26000は持続可能な発展、人権と多様性の尊重という重要な概念を包含している。特徴としては、①企業のみならずすべての種類の組織を対象にしていること、②認証を目的とした品質管理に関するISO9000や環境マネジメントに関するISO14000と異なり、同規格はガイダンス文書（手引書）として活用するためにつくられていること、③政府・企業・労働・消費者・NGO、その他有識者という6つのカテゴリーから代表が参加し、対等の立場で議論して策定されたこと（マルチステークホルダー・プロセス）である。

ISO26000の構成は次の通りである。第1章　適用範囲；第2章　用語及び定義；第3章　社会的責任の理解；第4章　社会的責任の原則：説明責任、透

明性，倫理的な行動，ステークホルダーの利害の尊重，法の支配の尊重，国際行動規範の尊重，人権の尊重；第5章　社会的責任の認識及びステークホルダー・エンゲージメント；第6章　社会的責任に関する中核主題：組織統治，人権，労働慣行，環境，公正な事業慣行，消費者課題，コミュニティ参画及び開発；第7章　組織全体への社会的責任の統合。

　日本ではISO26000の国内規格として，2012年3月21日に日本工業規格JIS Z 26000が制定された。企業の対応には，自社のCSR活動とISO26000を照らし合わせてCSRマネジメントの中に組み込んでいる事例や，従来のステークホルダーごとの構成を7つの中核主題ごとの構成に変更する事例などが挙げられる。また，GRIガイドラインのように対照表を掲載したり，インデックスとして使用する企業も見られた。

　このように，様々な主体によって，CSRに関する企業行動規範やガイドラインが作られ広がってきた。企業行動基準の広がりがCSRへの社会的期待を高め，市場社会に定着していく契機になる。

6　CSRと企業価値

　CSRに対する支出を費用として見る限り，それは当期純利益を減少させるなど，短期的な業績にマイナスな影響を与えるものである。しかし，コストは，従業員，取引先などのステークホルダーにとっては，分配される収益という側面がある。

　高いブランド価値は，製品・サービスを通じて，顧客に他では味わえない満足を与える。その結果，顧客はファンとなり，企業に長期安定的なキャッシュフローをもたらし，株主にとっての価値を高める。高い価値を持つブランドは，資本コストを引き下げるだけでなく，従業員に誇りと夢を与える。

　CSR活動を通じて，ステークホルダーにとっての企業ブランドそのものの魅力を高めることができる。また，CSR活動に熱心な企業は，それだけNGOや消費者団体からのターゲットとなる可能性が低くなり，ブランド価値を著しく

毀損させるような事件が発生しにくい。その結果，CSR活動は，中長期的に企業ブランド価値にプラスに作用すると考えられる。

　たとえば，トヨタ自動車は，環境への対応をCSR活動の中核に据え，ハイブリッドカー「プリウス」の投入を始め，ものづくり・車づくりを通じて社会に貢献するという企業理念のもと，自社の持つ他社に先行した燃料技術の活用を展開することにより，環境対応・成長力・活気のイメージなどを大幅に向上させることに成功した。

　自動車市場の持続可能性を検討した場合，中長期的には地球環境への負荷という制約条件に直面することは明白である。とりわけ成長市場である中国やインドの市場展開に当たって，環境問題に対応していなければ，NGOや消費者団体からの批判対象になるであろう。加えて，利益の稼ぎ頭となっている米国市場での貿易摩擦の再燃というリスクも抱えている。こうしたリスクに対応するためには，地球環境問題への対応をしっかり押さえ，社会的に尊敬される企業へと進化していかなければならない。こうした問題意識が，トヨタ自動車の環境経営の根底にあるものと推測される。

第11章

ソーシャル・エンタープライズ

1 ソーシャル・エンタープライズとは何か

⑴ ソーシャル・エンタープライズの概念

　近年，ビジネスを通じて，社会貢献活動を行う組織が次々と誕生している。このような組織はソーシャル・エンタープライズ（Social Enterprise：社会的企業）と呼ばれており，少しずつではあるが，人々の認知度が高まってきている。

　ソーシャル・エンタープライズは，社会が抱える課題に，企業の活動として取り組む。私たちの頭の中には社会貢献＝無償奉仕というイメージが根づいている。このような考え方は，社会貢献≠ビジネス（お金儲け）というイメージにつながっている。多くの企業がメセナやフィランソロピーという名の下に，ビジネスで稼いだ利益の一部を地域社会や文化・芸術活動に還元するという形で社会貢献を行っていた。

　企業の慈善活動が，無償や奉仕が前提となるのに対して，ソーシャル・エンタープライズは社会的課題（環境，雇用，貧困，地域活性化，教育など）の解決を目指して，収益事業に取り組む事業体である。営利の実現は目的ではなく，社会的課題を解決していくうえでの自立の手段である。

　このような課題領域は，かつて政府や地方自治体による行政サービスによっ

て独占されていた。しかし近年，財源不足という理由からサービスは大幅に削減され，そこに民間の事業体が進出する事例が増えている。

　ソーシャル・エンタープライズには，株式会社の形態をとるものや，事業型NPOという形態をとるもの，また複数の事業形態を組み合わせたものもある。さらに，既存企業がNPOと協働しながら取り組むケースもある。

　このような多様な形態を持ったソーシャル・エンタープライズの基本的特徴は次の3つの要件に整理できる。すなわち，①社会性（社会的ミッション）：現代社会の様々な課題の解決に取り組むことを事業活動のミッションとしている。②事業性（社会的ビジネス）：社会的ミッションをビジネスの形で表現し，収益事業として活動を進めている。③革新性（社会的イノベーション）：商品・サービスの内容やその提供の仕組みが革新的である。

　言い換えれば，ソーシャル・エンタープライズとは，福祉や環境，貧困や地域活性化などの課題解決を社会的使命として掲げ，その解決のための核心的なアイディアを生み出すことで収益事業を展開している組織なのである。

(2)　ソーシャル・エンタープライズの特徴

　そこで，ソーシャル・エンタープライズと一般的な（慈善型）NPOや営利企業との違いについて考えてみよう。一般的なNPOはボランティアが中心となって活動を支えており，収益性はそれほど重視されていない。その多くは行政や財団に申請して，補助金・助成金を獲得したり，会員から会費を徴収して，組織の運営資金を賄ったり，バザーを開いて活動資金を稼いだりする。NPOの資金獲得活動は，ミッション追求のために必要な手段であり，直接関係がない。

　一方，ソーシャル・エンタープライズの場合は，ミッション追求活動そのものが資金獲得活動であり，両者は事業活動の中で一体化して，収益活動によってミッションを実現するのである。

　ソーシャル・エンタープライズは一般的な営利企業とも異なった特徴を持っている。一般的に営利企業では利益の追求が最優先課題とされるため，社会的

なニーズがあったとしても，利益の確保が困難な事業分野へは進出しない。

これに対して，ソーシャル・エンタープライズは革新的な商品やサービスの開発，またそれらの新たな提供の仕組みを創造することで，企業が進出しそうもない分野へ果敢にチャレンジしていく。革新的・独創的なアイディアを駆使することによって，ミッションの達成と収益の確保を同時に追求することを可能にしているのである。

2 日本のソーシャル・エンタープライズの歴史と現状

(1) 日本のソーシャル・エンタープライズの歴史

ソーシャル・エンタープライズという言葉が日本に持ち込まれたのは1990年代後半であるが，日本で市場の力を利用して社会問題を解決しようとする事業や主体を表す概念として広く注目が集まったのは2000年代半ば以降のことであった。

第2次世界大戦後の日本社会の公共サービスは，所轄官庁が強い権限を持っており，質量ともに十分とは言えなかった。地方の社会資本整備は，中央への陳情や請願の中で決定されてきた結果，地方自治体や最も生活の現場に近いはずの主体に，社会資本や公共サービスを自律的に整備する経験やノウハウの蓄積がなされないままに現在に至っている。

学生運動との対立や市民運動による批判を受けてきた自民党長期政権は，いわゆる市民運動への抵抗感を根強く持っていた。一定の財産も必要とされず，また所轄官庁の許認可を求めずにいた民間における自由で創造的な非営利活動のための法人格はNPO法の成立まで存在しなかった。

加えて，日本型の雇用習慣の中で，労働人口の大半を企業社会が独占していたことから，非営利活動の担い手は主婦と現役を退いた高齢者中心にならざるをえなかった。彼らが活動から収入を調達する動機が乏しかったことは，人件費概念の発達を阻害し，「無償化神話」の形成を後押しすることになった。

1995年に起きた阪神・淡路大震災とその復旧復興過程で，全国から集まってきたボランティアが重要な役割を果たした。中には組織した中長期の活動を行うものも現れた。こうしたボランティア活動と社会的な存在感の向上により，1998年に特定非営利活動促進法（NPO法）が成立した。これを機に，法人格を中心に，民間非営利活動の制度的基盤が徐々に改善されていくようになった。

　内閣府の調べによると，2013年9月30日時点で，4万8,244法人が存在していた。

　環境基盤が整うのに伴って，収益事業に積極的に取り組む事業型NPOも増加した。しかし給与水準は企業セクターと比べて低いという課題が残されている。

　2011年3月に東日本大震災の発生後，NPOなどは政府や企業と連携しながら，多様な支援に取り組んだ。現在でも，新規のソーシャル・エンタープライズの創業促進や雇用を通じて，復旧復興の支援に当たって多様な活用が試みられている。

　日本でソーシャル・エンタープライズが活動する場合には，NPO法人を利用することが多いが，そのあり方が多様化してきた結果，従来のNPO法が十分に対応できないケースも登場するようになり，実情に対応した総合的な制度設計が必要な局面を迎えている。

　ソーシャル・エンタープライズは，社会という収益事業化が困難な領域を対象とするため，従来市場の外部にあると考えられてきた領域であり，一般的な営利事業が対象とする領域と比べて，強固な規制が存在することも少なくない。欧州や韓国に比べて，日本のソーシャル・エンタープライズの起業が低迷していた。

　しかし，2000年代以後，雇用創出や新しい事業案件の提供主体として，ソーシャル・エンタープライズが期待されるようになった。住民のニーズに基づく公共性の高いサービスを提供する主体としてだけでなく，地域経済圏の新たな主体としても認知されつつある。

(2) 日本のソーシャル・エンタープライズの類型化

　ソーシャル・エンタープライズを新市場創出型，準市場創出型，技術による問題解決型に整理・検討してみたい。

　新市場創出型とは，従来市場化が困難だと思われていた社会課題解決を，革新的な事業モデルや技術的な解決策などによって新規に事業化し，収益構造を構築できるケースである。

　たとえば，子供が発熱しているときや軽い病気のときには，一般の保育園や幼稚園は，子供を預かることを避けようとする。一方で，元親はどうしても外せない仕事を抱えて，途方に暮れる場合が多い。世の中には「病児保育」のニーズが多く存在しているにもかかわらず，誰もそのニーズに対するサービス提供を行ってこなかった。

　育児支援NPO法人フローレンス（http://www.florence.or.jp）は，地域の医師という人的資源，また育児経験者でしかも自宅で保育の仕事をしたいと考えている人たちを，人的資源と物的資源（保育施設）と捉えて，病児を抱える親のニーズに適合させながら，病児保育をビジネスとして展開しているのである。

　研修を行った有資格者を中心に個人の住居を活用することで施設費など固定費を圧縮し，会費制を導入することで収益の安定化を図った。2005年の創業から2012年度まで，フローレンスの収益は一貫して成長している。

　他方，しばしば見られるのが自主事業と行政からの委託事業や寄付など，複数の収益源を組み合わせることで，自律した収益構造を形成している事例である。これを準市場創出型と呼んでみたい。たとえば，若年無業者の就労支援などの事業は，革新性は必ずしも高いとは限らないが，代替可能性の低い存在になっている主体もある。

　さらに，新しい技術などを駆使して問題解決を試みる事例を技術による問題解決型と呼んでみたい。タブレットと呼ばれる高機能な情報端末を利用した24時間365日の手話通訳提供事業などを手掛けるシュアールグループなどが該当する。2000年代後半以降に登場したため，現時点ではビジネスモデルが確立し

ていないことが多い。

(3) 事例：発達障害者の就労支援

　発達障害とは，自閉症，注意欠陥多動性，学習障害などである。障害者はなかなか職に就けなかったり，職に就いても続けていけなくて辞めたりする。その就労支援が大きな課題となっている。

　K社は発達障害者ばかりを雇用し，その特性を生かした働き方を経済成果とともに世に示していこうと，IT企業として出発した。NPOや社会福祉法人ではなく，株式会社とした。その後まもなく，K社は事業領域を職業訓練に転換した。自社雇用だと人数も職種も限られるのに対して，人材サービスならば多種多様な企業に雇ってもらえ，職種が広がりやすい。

　独自のプログラムと高い就職率によって，就労訓練の希望者が多く集まる。K社のプログラムは，相手の立場に身を置いた共感・傾聴よりも，論理を重視したアプローチを特徴としている。

　仕事のスキルを教えるのではなく，訓練生が自ら実作業を体験することを通じて，自分の向き・不向きを理解し，適職を客観視できるようにしている。また仕事には納期があり，上司や同僚とタスクに分けて実行されるので，人とのコミュニケーションが必要だということを，丁寧に学べるようにしている。

　K社では週替わりで，様々な職種を体験するようになっている。人事や販売支援などの事務作業や，ITやデザイン分野でのプログラミングやソフトテストなどの職種がある。様々な体験を通して，好き嫌いや向き不向きをわかるようにする。訓練は疑似職場の中で行われる。疑似職場やオンライン店舗での体験や作業計画の立て方などを通して学ぶ。これらを通して，訓練生は世の中がこうなっているということを納得できる。

　K社の就職率は開設以来9割を超えている。定着率も高く，8割以上が続いている。単純知的作業はつまらないと思われがちであるが，人が好まない作業を，発達障害者は真面目に行うことができる。希望者は多様化し，訓練プログラムも変化するので，それらに対応できるスタッフの確保が重要な課題である

（出所：鈴木良隆（2014）『ソーシャル・エンタプライズ論』，第５章より抜粋作成）。

3 ソーシャル・エンタープライズの経営課題

　ソーシャル・エンタープライズとは，その時代や地域に共通の課題を解決するための企てであり，社会の課題を企業の手法を用いて解決しようという試みにほかならない。

　これまで，こうした課題の多くは，国の財政支出によってあるいは家族の内部で解決すべきものとされてきた。しかし，20世紀終わりから，世界各地で新しい動きが顕著になってきた。1つは国の財政支出を抑えようという動き，もう1つは国政策ではきめ細かな対応が困難なほど解決すべき課題が複雑・多岐になってきたことである。

　しかし介護や貧困をめぐる課題は厳しい。普通のやり方では事業として成り立たない。日本には8,000ほどのソーシャル・エンタープライズがあるというが，その大半は事業として成り立たず，それに携わる人たちの個人的犠牲の上に続けられることが少なくない。

　ソーシャル・エンタープライズに携わる人々は，社会に存在する様々な課題・問題を解決しながら，自分たちも普通の生活ができるだけの収入を獲得する必要がある。それゆえに，ビジネス手法の重要性がクローズアップされる。

　ソーシャル・エンタープライズ全体の収入構造は，営利企業と比較して相対的に低い水準にとどまっている。従業員の給与水準も民間企業より低い水準にある。こうした環境が続く限り，人材の自然増加や継続的な専従スタッフを確保することは難しい。特に高い専門性を持った人材の参加の阻害要因となる可能性が高い。

　ソーシャル・エンタープライズには女性経営者と若者が多い。女性経営者が多いのは，おそらく課題の解決を必要としている当事者により近いところから，課題を見る立場に置かれてきたからであろう。また若者が多いのは，これまで

当たり前ないし不可能だと思われてきたことを，そう考えないことができるからであろう。

　普通の会社員よりも少ない給料であっても，過去の20年間はデフレ経済のためほとんど物価は上がってこなかったし，また親からの支援も合わせれば，ソーシャル・エンタープライズの仕事に取り組むことができてきた。しかし，担い手の年齢層が上がり，経済状況がインフレ基調になっている現在，継続的にスタッフとして働き続けるのが難しくなると考えられる。

　現代社会には様々な矛盾や歪みが生じており，社会全体に閉塞感が漂っている。しかし，社会変革に向けた使命感をもって新たな事業を起こす人々が次々と登場している。彼らは新たなビジネスモデルを提案することによって，従来的なビジネスのあり方や社会のあり方に対する問題提起を行っている。

　現在の巨大企業の多くは，人々に役立つものを提供したい，より良い社会を創り出したいという熱い想いを持った事業家の行動から出発したのである。そのような想いは製品やサービスを通じて社会に浸透し，人々の生活に豊かさをもたらしてきた。

　現在，社会起業家と呼ばれる人々が，様々な課題に挑戦して，事業活動を通じて社会変革を推進している。彼らの姿は現代人に対する新しい働き方や生き方の提案ではないだろうか。

　成熟した社会の中で，仕事のやりがいを社会貢献に求める人たちはいっそう増えていく。次世代のソーシャル・エンタープライズの経営力を高めるためには，会社などでの業務経験を持つ新しい人材の参画を促すことが大切になっていく。優秀な人材の確保と高額給料の支払いができる運営は，鶏と卵の関係がある。

　また，課題解決のための事業づくりの手法やノウハウは，国の制度や背景を超えて共有することが可能である。インターネットを使いこなし，海外経験の豊富な若い世代が国を超えてつながることができれば，ソーシャル・エンタープライズの発展に新しい可能性を生み出していけるであろう。

第12章

国際経営とグローバル市民

1 フラット化する世界における国際経営

(1) フラット化する世界

　米国のジャーナリストであるトーマス・フリードマンの著書『フラット化する世界』（The World is Flat）は，情報革命や国際的な貿易投資の自由化の進展によって，経済活動において国境の概念がなくなる世界を記述した。その中で今日のグローバル化は，IT革命によってもたらされる歴史上3番目の波であるとしている。1番目は帆船によるコロンブスの新大陸発見，2番目は産業革命後の蒸気船などによる輸送効率の向上である。インターネットによって世界がつながり，情報が国境を越えて自由に流通され，フラット化した世界でビジネスを行う。

　一方で，国境という高い「壁」が海外進出を行う企業にとっては大きな障壁となっている世界も存在する。企業はそれぞれが進出する国・地域において存在する壁の種類・高さを分析し，それぞれに見合った戦略を考える必要がある。また，中長期的なグローバル戦略の企画・立案に当たっては，今後この壁がどのように変化していくか，見通しをつけることも重要である。壁は一般的に低くなる方向，つまり世界がフラット化する方向に変化していることは間違いない。

輸送費や情報通信コストの低下といった技術的側面において，国境の壁は低くなってきているのみならず，経済制度の面においても，WTO（世界貿易機関）やFTA（自由貿易協定）の動きはフラット化した世界に向かっている。

　現在では，ヒト・モノ・カネ・情報の国家間の移動が非常に活発になり，世界各国の経済や文化などが分かちがたく結びつけられている。今まさに地球規模で発想・思考し，人類が日常的に直面する課題の解決策を発見すべくグローバル時代を迎えている。企業はグローバルに思考し，かつローカルに行動することが求められているのである。

(2)　経済社会制度とビジネス環境

　国際ビジネスを展開していくためには，まず内外のビジネス環境の違いについて分析する必要がある。フラット化する世界においても，依然として国境という壁は存在し，その高さや種類について把握したうえで，それを乗り越えていく戦略を検討していくことが必要となる。内外ビジネス環境の違いは以下の4種類があり，それぞれの頭文字をとって，CAGEと呼んでいる。

　①　文化的側面（Cultural Distance）：言語や生活習慣，宗教などの違い。
　②　制度的側面（Administrative Distance）：外資導入政策，地域経済ブロック，通貨，政治的親密さなどの違い。
　③　地理的側面（Geographic Distance）：輸送コスト，時間などの違い，時差の存在。
　④　経済的側面（Economic Distance）：所得水準，賃金などの違い，商慣行の透明性，企業システムの特徴など。

　たとえば，米国企業から見た中国とインドの魅力をCAGEの概念を用いて説明すると，まず，文化面で，インドの魅力度として大きいのは言語である。イギリスの植民地だったので基本的に英語が通じる。インドのエリートは以前はイギリスへ，最近では米国の大学へ留学することが多い。一方で中国の文化的な魅力としては，言語や人種が比較的均質であることと，中国系米国人（華僑）の存在が挙げられる。

次に制度面について，インドと米国は，入植者であるイギリスによって経済システムが構築されたことから，法律体系が似ている。インドは民主主義的な政治システムが根づいていることで，中国の一党独裁体制と対照的である。一方，中国の制度面での魅力としては，「人治」の国とよく言われるように，担当する役人の裁量でビジネスにまつわる数々の手続きがスムーズに行くことがある。

そして地理面については，中国のほうがインドより米国に近い。また港湾などのインフラが整備されている点で，中国のほうがより魅力的である。製造業の拠点として考える際には，このような地理的な近接性が重要なファクターとなる。中国は周辺国であるベトナム，ラオス，ミャンマーなどとは，高速道路でつながっており，国境を越えた部品・製品メーカーの生産ネットワークが形成されつつある。一方，インドは都市間交通網が未整備の状態であり，製造拠点を設ける際の障害となっている。

最後に経済面について，インドではソフトウェア人材など理数系に強い専門的人材が豊富である。さらに欧米ビジネスに精通した企業経営者が多い。一方，中国では国有企業が中心で，コーポレート・ガバナンスが不透明なところがある。しかし中国の所得水準はインドより高く，巨大な市場が存在する。また労働力や資本の充実度でも，インドを上回っている。サプライチェーンの充実や外資系企業のプレゼンスが比較的大きいので，現地でのパートナーシップを組みやすい。

このように，インドと中国はCAGEのそれぞれの項目ごとに，米国企業から見て距離が近いものと遠いものが混在している。このような内外のビジネス環境の違いを踏まえて，どのようにグローバル・ビジネスを展開していくことが適当であるかを考える必要がある。

(3) 適合化と集約化

現地のニーズに合わせて，国内市場で提供している製品・サービスの現地化を行うことは適合化（adaptation）と呼び，一方で，国ごとや地域ごとに異な

る海外市場における共通的なニーズを取り出して，画一的なグローバル製品を提供することは集約化（aggregation）と呼んでいる。

　適合化の度合いを進めるほど，現地市場には受け入れられやすくなるが，そのための開発コストなどが大きくなり，グローバル市場に出ることによる規模の経済性が失われる。現地市場の大きさや対象とする国・地域の市場の違いによって，両者の最適なバランスを考えることが求められる。

　たとえば家電製品において，一般的に，洗濯機や冷蔵庫といった白物製品は適合化，テレビやビデオカメラといったAV製品は集約化で海外展開を行うことが効率的である。冷蔵庫はその国の平均的な家庭における買い物の頻度によって，主流となる容量が異なる。モータリゼーションが進んでいる米国においては，1回の買い物の量が多く，比較的大容量冷蔵庫が使われている。パナソニックは中国などの新興国に生活研究センターを設けて，現地の家庭を訪問し，それぞれの地域の生活習慣を観察して商品の現地化を行っている。

　化粧品などのブランドマネジメントが重要な製品については，集約化と適合化のバランスをうまくとることが重要である。たとえば，資生堂が中国に進出する際には「SHISEIDO」というグローバルブランドと，中国専用ブランドである「AUPRES（オプレ）」を使い分けて事業展開を行っている。

　ブランドを分けることによって，グローバルブランドに対するイメージを損ねることがなく，現地におけるボリュームゾーンに対するアプローチが可能となる。

2　海外ビジネスの形態と参入方法

(1)　海外ビジネスの形態

　海外ビジネスの形態は輸出，海外生産，そして提携や契約に大別することができる。ここでは，それぞれの形態の特徴を簡単に要約する。

　まず，輸出は本国で生産した製品を，外国市場へ提供することであり，間接

輸出と直接輸出に分けられる。間接輸出とは，自社で輸出業務を行わないで，商社などに委託する方法である。この方法は，自社に輸出部門を設置する必要はなく，また海外市場について精通していなくても失敗のリスクが低いという特徴を持っている。手数料さえ払えば，あとは自国の輸出代行業者に任せておけばよい。そのため，海外市場参入の第一歩としてよく利用される。

これに対し，直接輸出とは，現地代理店を用いるか，自社に輸出部門を設置して自ら輸出業務を行う方法である。現地代理店を利用すれば，現地流通網への投資を節約できるが，現地での委託販売業者は競合他社製品をも扱うため，手放しで安心はできない。また，現地販売業者が突然当社製品を扱わなくなる危険性もある。また，このやり方を続ける以上，何年経っても，海外でのビジネス経験や知識が蓄積されないというデメリットがある。

一方，現地市場に自社販売会社を設立する場合，投資や運営のコストはかかるが，自社の戦略や販売方針などを貫徹することが可能となる。また，販売会社を通じて入ってくる顧客に関する情報や自社商品に関する生の声は，製品の企画・開発にとっても重要である。しかし，本国での生産コストが高い場合，また輸送コストが大きい場合，さらに関税障壁などに対処するため，やがて海外生産に踏み切る例が多い。

次に，海外生産は，製品の仕向け地によって，現地生産と第三国生産に大別できる。第三国生産とは，本国と現地以外の国での販売を目的としたものをいう。現地生産開始に当たっては，現地の情報収集と体系的な分析が必要である。つまり，綿密な事業化調査（feasibility study）が必要とされる。

第三国生産は，現地生産と異なり，他国市場での販売を目的としている。典型的には，途上国における輸出加工区や保税区に生産拠点を設置し，そこで生産された製品や部品が，他国へ輸出される。輸送コスト，関税，港湾や空港などのインフラ，労働力の質と量，給与水準などの立地優位性を比較分析することが必要とされる。

さらに，自社と外国企業との契約により，株式所有を伴わないビジネス形態がある。技術供与（ライセンシング），フランチャイズ，委託製造などがその

代表例である。委託製造は海外の企業に細かい指定の下，自社社品を現地で製造させるが，その販売に関しては，自社が責任を持つ。しかし，現地企業はあくまで受身の立場で作業をしており，現地ノウハウを吸収したり独自性を発揮して，現地により適合したマーケティング方法や生産方式を提案する，などといった発展はない。

ライセンシングは，他の企業にある一定期間，特許・発明・デザイン・コピーライト・商標・ノウハウ等の無形資産に対して，アクセスを与える契約である。メリットとしては，あまり資金がかからない点が挙げられる。特に不慣れな政治リスクの高い国においても，ライセンサー側は資金面での心配はあまりない。反面，ライセンシーへのコントロールが及ばない，また外国企業への技術ノウハウの供与は，潜在的競合相手育成ではないかといった恐れがある。

そうした危惧への対抗手段として，クロス・ライセンシング契約を結び，互いに無形資産を供与し合うこと，もしくはゼロックスと富士ゼロックスの場合のように，ライセンス契約と同時に，合弁という資本形態をとるやり方がある。

フランチャイズは，フランチャイジーに社名ブランドの使用を許可する代わりに，現地運営のやり方に関して，細かい規則を課す方式である。たとえば，マクドナルドが世界中の店に，ブランドネームで営業する権利を与える代わりに，メニュー・調理法・サービス・ロゴなどすべてにわたり，世界標準を課す。製造業よりも，サービス業に当てはまる点が特徴である。

メリットとしては，ライセンシング同様，単独で行う場合に生じるコストとリスクを背負わなくてよい。反面，世界中のフランチャイジーのサービス面での品質管理の難しさがある。海外で悪い評判が立てば，長年かかって築き上げた暖簾にたちどころに傷がついてしまう。

以上，海外ビジネス展開の主な形態を概観した。どれ1つとっても，絶対的に優れたものはなく，メリットとデメリットの両面を持つ。したがって，それぞれの企業が，自社の状況に照らしてよく検討する必要がある。国際提携については後で取り上げる。

(2) **海外子会社の設立方法と所有形態**

　海外子会社を設立する方法には，現地法人を新たに設立して，一から自前でスタートするグリーンフィールド投資と，現地の既存企業を買収する方法がある。新規設立に比べて，既存企業を買収すれば素早く現地でビジネスを展開できる。新規設立の場合，用地の選定から工場の建設，機械の搬入，従業員の募集・採用・訓練など，操業開始までの時間が長くかかる。

　買収により，手っ取り早く現地の既存企業から，各種経営資源を入手できる。また，現地企業の持つ対外的ネットワーク，つまり現地市場へのアクセス，バイヤー，サプライヤーとの関係なども入手できる。

　反面，デメリットも多い。現地国からの政治的・心理的反発，そして買収後のマネジメントが困難な場合も多い。企業文化の相違，管理システムの統合から混乱が生じたり，優秀な人材が辞めてしまうという問題が発生しがちである。それに対し，新規設立の場合，時間はかかるが，本社の理念や方針を貫くことは比較的容易といえる。

　次に，海外子会社の所有形態は，完全所有と部分所有に大別できる。完全所有とは，自社100％出資（単独出資）の場合である。部分所有は，自社の持分比率により，過半数所有，均等所有，少数所有に分けられる。

　完全所有のメリットは，戦略ないし重要な経営資源に対し，完全なコントロールが利き，他の拠点との調整が容易である。知識・ノウハウの移転もしやすく，迅速な意思決定が可能である。さらに，利益を独占できる。

　反面，失敗のリスクを一手に負うことになる。また，現地環境の条件が急変したとしても，容易に撤退できない。さらに，保護主義国の場合，バッシングの標的になりやすい。

　海外子会社を，他社と共同で設立することを合弁という。合弁事業（Joint Venture）とは，独立した2社以上が出資し，かつ経営に参加して，事業活動を行う形態である。典型的には，現地企業との間の合弁事業である。

　合弁の場合のメリットとしては，①相手から，手っ取り早く知識やノウハウ

を入手できる可能性がある。②相手との間でリスクを分散できる。③自社単独で投資できない大規模な事業も可能となる。④シナジー効果が期待できる。⑤ナショナリズムの高揚による批判を緩和できる，などが挙げられる。

また，現地政府による外国資本の出資規制がある場合には，合弁は唯一の選択肢となる。一般的には，現地企業との間の合弁のほうが，現地国政府の扱いが良いとされる。

反面，デメリットとしては，①マネジメント全般でのコントロールが自由にならず，相手との意見の相違もたびたび起こり，調整コストがかかり，意思決定が遅い，②収益の山分けによる自社の取り分の減少，③相手側に自社の技術や知識などを渡してしまうリスクがある，などが考えられる。

(3) 海外子会社のコントロール

海外子会社のコントロール方法には，本社から管理者を派遣して，直接現地マネジメントを指揮するという直接的コントロールと，成果によって現地マネジメントを評価する間接的コントロールに分けられる。

日本企業の海外子会社コントロールの特徴として直接的コントロールが指摘されている。国際経営管理の調査では，「集権化」，「公式化」，「社会化」によるコントロールの分類がよく使われる。

集権化によるコントロールでは，重要な意思決定のほとんどが本社によってなされている。本社が決定した通りに，海外子会社が活動しているかを，継続的にモニタリングする必要がある。その基盤となっているのは，戦略資源の本社への集中である。つまり，海外子会社が必要な資源は本社に依存すると，本社による子会社へのパワーの行使が容易になる。

これに対して，公式化に基づくコントロールは，文書化とルールに基づいて行動し，官僚制的コントロールとも呼ばれる。公式化を進めることにより，様々な知識やノウハウが形式知化，すなわちマニュアル化されるため，本社の資源を海外子会社へ効率良く移転することができる。しかし，公式化は変化している環境条件への迅速な適応に限界がある。

社会化によるコントロールとは，経営理念やビジョンなどの規範や価値を個人に浸透させ，メンバーが一致団結してある方向に向かって協力し合い，組織メンバーの行動を内発的にコントロールする方法である。この社会化による調整は，集権化による本社の過剰負担という問題と，公式化の柔軟性不足を克服するという点で魅力的であるが，大きな欠点はコストである。

多国籍企業における社会化プロセスは，管理者や従業員の教育や国際的異動に大きく依存し，それらの費用は莫大なものとなる。しかし，異動プロセスは，調整とコントロールに利用できる国際的な対人的情報ネットワークを作り出し，中核的な価値の共有に寄与すると考えられる。

(4) 国際提携

国際提携による外部資源の活用は，現在，戦略的に重要な選択の1つとなってきている。その背景として，①競争の国際化，②デファクトスタンダードの獲得，③製品ライフサイクルの短縮化，④複合的製品技術，⑤製品開発費の巨額化などが挙げられる。

経済のボーダレス化の結果として，競争の場が地球規模となり，世界の中で競争を打ち勝つことが必要とされている。すなわち大競争（メガ・コンペティション）を意味している。しかし，1社で地理的市場をカバーすると，固定費が増大して経営を圧迫することになる。そこで，同業他社と戦略的パートナーシップを結ぶ方法が模索される。

また，途上国企業の台頭に伴い，価格競争が激化した。先進諸国の企業において選択と集中が加速され，委託製造などのアウトソーシングが増えてきている。人件費の安い国に生産拠点を移転し，新製品開発による競争優位を獲得するために，研究開発費は巨額化してくる。しかも製品のライフサイクルは短く，次々と新しいモデルの開発が要請される。

このことから，他社と提携することによって，研究費を圧縮するとともに，開発をスピードアップできる。また，他社と組むことによる市場占有率のアップを図り，事実上の標準規格（デファクトスタンダード）の獲得を目指す。

図表12-1　提携のパターン

	戦略的重要度：　高い	戦略的重要度：　低い
競合の度合：高い	競争相手と行う戦略的提携 （例：半導体メーカーの共同開発と生産）	同業者間での戦術的提携 （例：周辺製品群でのOEM委託）
競合の度合：低い	異業種との戦略的提携 （例：電子企業と自動車メーカーの提携）	非競争相手との戦術的提携 （例：周辺業務のアウトソーシング）

出所：根元孝　他編（2001）『国際経営を学ぶ人のために』世界思想社，119頁より整理作成。

図表12-2　海外事業展開と国際提携

	パートナーへの期待：活用	パートナーへの期待：学習
地理的範囲：グローバル	相互補完的グローバル・オペレーション （例：航空会社の共同運航）	コア・コンピタンスの獲得向上 （例：トヨタとGMの燃料電池車の共同開発）
地理的範囲：ローカル	規制回避・機能補完的現地市場参入 （例：現地企業との合弁事業）	現地関連知識の学習・相手先からの技術導入 （例：トヨタとGMの合弁〜NUMMI）

出所：茂垣広志編著（2006）『国際経営』学文社，65頁より作成。

　戦略的提携とは，当該企業にとっての中核的な業務分野での提携を指す。周辺的であれば戦術的提携となる。戦略的重要度と提携先との競合度による分類は**図表12-1**の通りである。

　また，提携におけるパートナーへの期待（学習か活用か）と地理的範囲（グローバルかローカルか）という2つの要因を軸として，海外事業展開における国際提携は**図表12-2**のように分類できる。

　現代の戦略提携は，長期的というよりも，短期的であると特徴づけられている。環境に対応した経営資源の組み換えが必要となり，それに応じてパートナーの見直しがなされることになる。提携関係をうまくマネジメントするためには，双方の信頼関係が必要である。しかしながら，変化する環境の中でお互いの利害が相反したり，新たな経営資源の活用や獲得のためには，既存の提携を見直し，新たな提携関係を構築する必要となる場合も出てくる。

3 | 多国籍経営における人材の活用・労働問題

(1) 多国籍人材の活用

　多国籍企業は全世界から人材を調達・活用できる。欧米企業では、トップ・マネジメントを含む派遣者の国籍は多様で、必ずしも本社所在国というわけではない。とりわけヨーロッパ企業は第三国人材を多く含み、文字通り多国籍人材の育成と活用が進んでいる。例えば、シーメンス・ジャパンにおいては、その派遣者はドイツ人を中心としながらも、7カ国からなっており、多国籍化が進んでいた。

　欧米企業におけるローカル・スタッフのキャリアは、基本的には本社国籍人材と同様、親会社や世界本社、あるいは他国の兄弟企業にまでキャリアが伸びており、優秀かつ上昇志向の強いグローバル人材にとっては、そのほうが魅力的な職場に映るであろう。他方、日系子会社の人材構成は、日本人と現地国籍人材にほぼ限定されており、実態として「二国籍企業」の域を出ていないという特徴を持つ。

　日系企業における現地国籍人材のキャリアは、最高で子会社のトップ、下手をすると子会社の中間管理職が天井となっている。多国籍の人材が日本本社ならびに現地法人において、その能力を十分に発揮できるシステムに移行していく必要がある。

　近年、徐々にではあるが、現地スタッフがトップ・マネジメントに就任するケースも増大している。日本在外企業協会が2012年に行った調査によれば、日本企業の現地法人における外国人社長の比率は29%、日本人71%となっている。

　地域別にみると、欧州51%、オセアニア46%、北米42%で外国人社長比率が高く、逆にアジア17%、中国13%で社長が外国人である比率が極めて低くなっている。

　そして外国人社長を起用する場合、最大の問題は「本社とのコミュニケー

ションが難しくなる」という点である。他には「自社の経営理念の共有が難しい」、「本社主導の経営がやりにくい」、「日本人派遣者との連携がとりにくい」などが指摘されている。

(2) 海外派遣者の選抜

　親会社からの海外派遣者は、一般的に、子会社の統制、本社との調整、本社からの技術・経営ノウハウの移転、本人ならびに後継者の育成というミッションが与えられている。

　適性と実力のある人材を選抜しないと、環境への不適応や任期途中での離職・帰任が発生するリスクがあり、また他のスタッフのモチベーション低下、現地オペレーションの機能不全、それに業績低迷などが惹起されるであろう。

　もちろん、海外勤務への適性を事前かつ的確に判断することは難しい。問題は日本企業で、異文化への適応能力という側面が軽視され、それらの能力の育成や適性の見極めについての発想が希薄であることである。

　日本人派遣者が海外で指摘される最大の弱点は、コミュニケーション能力とリーダーシップ能力である。語学能力のみならず、方針やビジョンの提示・浸透能力を含めたコミュニケーション能力に秀でた人材を選抜することが当面重要となろう。他方、リーダーシップ能力の開発問題は、研修の問題を超えたキャリア設計システムのあり方に関連している。優秀な中間管理職に必要とされる要件と、現地法人でトップ・マネジメントに必要とされる要件には、その職責の範囲と重さにおいて大きな差がある。

　トップ・マネジメントとしての資質あるいは経験を持つ人を派遣するため、海外派遣候補者のキャリア・パスに、異文化対応訓練に加えて、中長期的に子会社や他社の経営経験を付与すべく組み入れ、トップ・マネジメントとしてのリーダーシップ能力の開発を行うことが、効果的な日本人グローバル人材の育成となるのではないか。

　また日本人のビジネスパースンは、自社の情報・知識・人脈には極めて長けているが、社外の情報・出来事・人脈などについては、多くの関心を持たずに

過ごしてきたように思われる。このため，社外の人脈の薄さ，社外での交渉力の弱さが直属の現地国籍の部下から指摘されることとなる。グローバリゼーションの時代には，関心の重点をより社外・海外・異文化などに向ける必要がある。

(3) 海外派遣者の異文化適応

日系多国籍企業においては，本社から人材を派遣して，海外子会社の管理・運営に当たらせる場合が多い。それゆえに海外派遣者の異文化適応問題は，日系多国籍企業にとって重要度がとりわけ高いといえる。

人間の異文化適応プロセスは時間的経過とともに段階的に発展する。カルチャー・ショックとは，人が異なった文化的環境の中で，自分のライフスタイル，生活環境，ビジネス慣行などの違いに気がついたときに経験する心理的不適合のことである。

海外派遣者の異文化適応プロセスは6つの段階がある。第1段階はハネムーン期（0〜3カ月）と呼ばれ，本国における習慣が現地に適合しないことに気づかず，むしろ異文化を新鮮な環境として認知する段階である。

第2段階のカルチャー・ショック期（3〜9カ月）では，派遣者は本国の習慣が現地で通用しないことを痛感するが，それにどのように対処してよいか分からない段階である。期待された役割を演じることに困惑感，文化を知った驚きとそれに対する嫌悪感，慣れ親しんだ環境や文化パターンの喪失感などが挙げられる。

第3段階の適応期（10カ月〜2年）では，現地で生活するために，どのような行動が受け入れられるのかを学習する段階である。派遣者は次第にカルチャー・ショックから立ち直り，新しい環境に慣れていく。

第4段階の成熟期（2年以降）では，派遣者の適応学習は一定の水準に達し，安定状態に入る。第5段階はカウンター・カルチャー・ショック期と呼ばれる。帰国した直後に，自国の文化に同じような再適応のプロセスを辿る。

派遣者の現地への適応が早いほど，業務に専念することができ，結果として

生産性を向上させることになる。企業が派遣者に対して，派遣前の段階に適切な研修などを実施することが，派遣後の作業能率を上げることにつながる。

　日本社会は言葉による直接的明示的表現よりも，間接的暗黙的表現が好まれることから，仕事も言語化されない部分を察しながら進められていく。日本人管理職と現地従業員は，事前に共有するコンテクストを持ちえないので，現地従業員には明示的コミュニケーションを用いて，自分の意図を的確に相手に伝える必要がある。現地従業員が，日本人管理職の指示が非論理的で不明確であり，何が言いたいのかよく分からないと批判することがある。これもコミュニケーション・スタイルの違いによる意思の疎通を欠いた結果であると考えられる。

　既存研究において，日本人管理職の能力不足が指摘されているが，その理由としてマネジメントスタイルが挙げられることが多い。日本の企業は，稟議制度に基づく集団的意思決定を旨としている。関係部門間で公式・非公式の会議を繰り返し根回しに時間をかける。そのために，誰が意思決定をしたのかが不明瞭な事態が発生する。これが，現地従業員の目から見ると，日本人管理職は1人で迅速に意思決定できない管理職に映るのである。

　日系多国籍企業における本社主導の海外管理方式には，様々な批判がなされている。それにもかかわらず，今のところその体制に大きな変化は見られない。

(4) 現地人の登用

　国際経営の将来像を考えるとき，ヒトのネットワークに，これまで活躍していない外国人材，特に現地人の登用が重要である。現地化を導入しなかった場合，発生する問題としては，①文化・言語・ビジネスマナーの違いによって，摩擦が発生する。②現地特有の問題に即座に対応できない。③本社から人材を派遣すると，コスト高になる。④現地従業員のキャリアを，子会社の上層部にまで拡大させられない。⑤意思決定権が現地にないことにより，従業員の仕事に対するモチベーションや企業へのロイヤリティの低下が起こる，などが挙げられる。

そのためには，外国人に魅力的な日本的経営に変えなければならない。従来日本企業で重要な仕事をしているのは，男性の中高年社員が中心であり，若手社員はあまり活躍していない。

日本企業のこれまでの国際経営では，工場で仕事をするワーカーについては，良好な成績を上げてきた。他方，安定雇用，年功序列，平等主義，属性重視などで特徴づけられる日本的な人事制度は，外国人（現地人），特に優秀な経営者・専門家・技術者などには魅力が欠けている。

とりわけ東南アジア地域では，より良い条件を求め，簡単に繰り返される従業員のジョブ・ホップ（職を転々と替える），オフィスワーカーよりも現場労働が軽視される風潮があるため，マネジャーが作業服を着て工場を歩き回り，問題点を探そうとするような姿勢が理解されない。そのため，企業には，現地従業員のジョブ・ホップを防ぎ，長期勤続を促す努力や，コアとなる現地スタッフを確保し，育成する力が求められる。

欧米企業が立ち上げから数年が経つと，派遣した人員を削減する。これに対して，日系企業では，日本人スタッフを減らさずに，経営の重要なポストを日本人スタッフが占める傾向にある。

日本企業のアジア進出は，当初安価な労働力によるコスト削減が動機であったため，経営に関しては，本社がコントロールする中央集権であった。その影響はいまだに残っている。現地法人の経営について，本社から派遣されたスタッフが担当し，現地人マネジャーはその補佐役と考える企業が多い。そして，現地人をマネジャーに登用していない企業も少なくない。

日本側の理由として，現地スタッフの定着率の低さに対する警戒感，会社への忠誠心の深さや責任感に対する懐疑的な反応が挙げられる。他方，現地側の問題として，地位や役職名といったポストにこだわる傾向がある。

しかし，日本企業はかつてのように，ノックダウン式生産のため工場内で現地労働者を使うといった段階から，日本人と現地スタッフが協働する時代へと移行しつつある。現地の人々の能力とアイディアを，経営資源として最大限に活用するためには，ヒトの現地化を進めなければならない。そのためには，昇

進の機会を明示することで，現地スタッフのモチベーションを高め，人材の定着を図ることが重要である。

　ヒトの現地化の促進には，組織の根本的な体質改善が必要である。現地従業員にとって，魅力的な職場環境を提供することができなければ，いくら雇用機会を現地に提供しても，優秀な現地の人材が日系企業を働く先として選ぶ保証はない。

4　新興国市場と多国籍企業

(1) 急成長する新興国市場

　世界がフラット化する方向に向かっている中で，多くの日本企業がグローバル・ビジネスにチャレンジしている。日本企業は今後の成長を考えるうえで新興国を避けて通れない。その中でも，中国・インド・ASEANの市場が注目されている。これらの国は欧米の先進国と異なり，多様な政治体制，経済発展のレベル，大きな所得格差，多様な宗教などから，消費様式が多様であるという特徴がある。日本企業が新興国で競争優位に立つためには，中間層のニーズや嗜好への深い理解が重要となっている。

　たとえばユニ・チャームは日本国内中心に，紙おむつ事業と女性用生理用品を展開してきたが，近年，急速に海外事業を強化している。日本の出生率が下がって，ベビー人口が激減している一方で，アジアなど新興国では人口増が期待される。新興国市場へ資源を割り振り，必要な場合は現地企業の買収なども実施した結果，2011年のベビー用紙おむつ市場では，タイ，インドネシア，シンガポールで1位，中国とベトナムで2位，インドで3位の地位を確保している。今後は，中東，北アフリカの市場戦略を強化するという。

　海外市場に進出して成功するためには，国内で蓄積した優位性を海外でも活かすことと，国内と異なる各国事情に適応することが重要となる。日本では紙おむつが60枚程度包装されたパッケージで販売しているが，所得水準の低いイ

ンドネシアでは3枚の小分けパッケージで販売している。

　戦後日本で高度成長期に「三種の神器」や「新三種の神器」が次々と現れたが，新興国でそれを遥かに上回る大消費ブームが起きている。所得の増大に従って，自動車をはじめ，家電製品，化粧品，ファッション製品，住宅など，ありとあらゆる消費財の市場が急成長している。

　しかし国によって，商品カテゴリー別の普及率が異なっている。また，新興国と先進国の商品普及パターンに，類似性が見られない。たとえば，先進国では冷蔵庫の前に，洗濯機を購入するが，インドやタイでは洗濯機の普及率が冷蔵庫の普及率より大幅に低い。これはメイドがいる家庭では，洗濯機を必要としないからである。

　他方，グローバル化とインターネットの普及によって，アジア全域の若者の消費行動は，急速に類似化している。共通する特徴は，ブランド志向が強く，価格に対して敏感であること。たとえば，中国の消費者は，品質よりブランドや価格を重視する。日本製品の品質は良いが，価格が高いため，その値段を出すのであれば憧れの欧米ブランドを買うか，その値段を出せないのであればよく似たデザインの安いローカル製品を買うといった傾向が見られる。

　さらに，色彩感覚が国によって大きく異なる。たとえば，タイでは容量200リットル以下の小型冷蔵庫市場で，カラフルな機種が全体の半分を占めている。パナソニックは濃い青やピンクなどを投入し，三菱電機は濃い紫や派手な黄色，濃いピンク色の機種を発売している。タイ人の色へのこだわりが中途半端でなく，誕生日の曜日ごとにシンボルカラーがある。道を走っているタクシーは赤やピンク，黄色や緑が主流である。

　さらに，新興国に急速に増大してきた新中間層は，グローバル化の波の影響を受け，先進国の中間層との類似性を有しながら，所得の低さや若年層の多さ，強いブランド志向などの違いがある。日系企業はこれらの消費者に対して端緒的とはいえ，様々な創造的イノベーションに挑戦している。

　たとえば，ソニーはインドへの投資を本格化し，「インド画質」や「インド音質」を開発したテレビやオーディオで，サムスン追撃を強めている。また，

資生堂が中国における中間層向けに開発したブランド「オプレ」や「ウララ」の中国専用ブランドの成功は，女性の美に対する意識や嗜好・肌質，中国各地の気候などに関する徹底した現地調査に基づいて開発され，中国の工場で生産されたものである。

また，ファミリーマートが，インドネシアで「ジャカルタ型店舗」とも呼ばれる「レストラン融合型店舗」を創造的に開発している。これらの共通点は日本の良さを大切にしながらローカライズすることであり，「日本モデルを現地風に翻訳する」と言い換えることができる。

(2) 新興国市場の戦略

世界経済の重心が新興国にシフトしているため，日本企業の国際経営戦略の中でも，新興国戦略の重要性が浮かび上がってくる。新興国市場は，①富裕層（TOP）市場，②中間層（MOP）市場，③底辺層（BOP）市場，という３つの層に分けられることが多い。

日本企業がこれまで得意にしてきた市場は，富裕層とそれに近い中間層の一部分であった。今後の課題は中間層の全体を対象にして市場を開拓し，シェアを上げることである。底辺層市場は一部の企業を除いて，当分の間重要性は高くないと思われる。

新興国の富裕層を狙う戦略と，中間層のボリュームゾーンを狙う戦略の２つの戦略は経営資源の点で異なる。富裕層を狙う戦略は，日本企業が自国で蓄積してきた技術などをベースにして，それを部分的に現地の市場に適合させることであり，日本企業にとって比較的やりやすい戦略である。

これに比べて，中間層を狙うボリュームゾーン戦略では，日本企業の製品・サービスは「良いが高すぎる」ので，下方に変える必要がある。性能のレベルを落としたり，機能の数を減らしたり，軽薄短小の特徴を減らす必要がある。あるいは顧客が求めるニーズを強調して，ゼロベースの開発が考えられる。この課題に対処する１つの方法は，新興国市場に強い企業と組むことによって，自社に欠けている経営資源を補う。たとえば，中国の廉価なエアコンのノウハ

ウを求めて，現地メーカーの格力電器（GREE）と提携したダイキンの事例が参考になる。

さて，日本企業からみて，中国を市場として捉えるか，工場として捉えるのか。まず，「中国市場向けに中国で生産する」，いわゆる「地産地消」については，乗用車やビールなどの消費財が挙げられる。また，流通業の外資規制の撤廃に伴って，コンビニやスーパーなど小売業が中国で展開しつつある。

次に，「中国で生産を行い世界に向けて輸出を行う」という「世界の工場」モデルには，ほとんどの製品が適合するといっていい。特にエレクトロニクスやアパレル関係の工場が集積しており，その製品は世界各地に輸出されている。また日本向けの冷凍食品や野菜などを生産する企業も増えてきている。

一方，日本で生産されて輸出される製品は，高いレベルの製造技術が必要なものに限られる。例えば，超薄型のノートPCや高級一眼レフカメラは，日本において生産されている。また高性能の自動車部品も多い。日本ブランドを前面に押し出した高級米や日本のアニメなども該当するであろう。

(3) リバース・イノベーション

近年，リバース・イノベーションという概念が注目を集めている。つまり，最低限必要なだけのシンプルな機能のみ備えた低価格製品を，まず新興国向けに開発・販売し，やがて先進国向け需要を発掘し，製品投入する戦略のことを意味する。

例えば，GEの先端技術を駆使した超音波画像診断装置は，新興国では高額のため需要がなく，また使用に不可欠な電気なども現地インフラ未整備のため実用性に乏しい。さらに大型サイズゆえ持ち運びが困難で，道路事情の悪い農村地域を移動しながら診断する用途には適さなかった。

そこで，GEは中国で，低価格で小型の超音波画像診断装置の開発に成功し，新興国で受け入れられ，農村の診療所でも往診などに利用されることになった。さらに製品は先進国でもその低価格と利便性が認められ，緊急医療診断などにも導入されていった。

この場合，単なる新興国向け低コスト・低価格戦略ではなく，あくまでも新興国固有のニーズを満たすイノベーションを起点とする。新興国における道路交通網や通信網などのインフラ不整備，消費者購買力の欠如や原材料不足などの制約条件を克服するためのイノベーションは，フルーガル・イノベーション（Frugal Innovation）と呼ばれる。直訳すると，質素・倹約イノベーションとなり，余計な飾りを取り除き，本質的な機能そのものに立ち返ることで，特に新興国やBOP市場の人々のニーズを満たそうという発想である。

これまで自前主義の傾向が強いと言われた日本企業も，海外の重要な知識・情報を探索・獲得し，自社の競争優位性の構築に向けて活用していくイノベーション戦略を志向しなければならない。中国・インドなどの新興国の科学技術レベルが急速に向上し，これら新興国はもはや単なる低コスト拠点ではなくなってきた。日本企業も新興国から謙虚に学習していく必要があるだろう。

(4) 事例：富士ゼロックス
～中国複合機市場で快進撃　成長を支えたのは中国人社員～

富士ゼロックスが中国の中小規模事業者向けモノクロデジタル複合機市場で快進撃を続けている。2011年時点で9％だった同市場でのシェアを，2013年までにトップクラスの15％を獲得した。2014年は20％を目標に掲げている。

同社が急速にシェアを拡大するきっかけとなったのが，2012年6月に満を持して市場投入したA3モノクロデジタル複合機S2010とA4の同S1810の大ヒットだ。ヒットの決め手は，中国の文化・慣習になじんだ「使い勝手の良さ」である。

富士ゼロックスは，中国市場に特化したユーザーニーズを徹底的に洗い出す地道な努力をかねてから続けていた。ユーザーニーズの洗い出しと聞くと，大規模な市場調査をイメージするが，同社が採用したのは，簡単に実行しうるシンプルな「自社の中国人社員の声に耳を傾けた」のである。

同社が実施したのは3つの取り組み，つまり(1)日本在住の中国人社員と日本人社員による合同企画アイディア会議の立ち上げ，(2)中国主要都市の中小規模

事業者へのヒヤリング，(3)中国人社員による試作機の評価，である。実際の製品開発に携わる日本人技術者や企画者の中国文化・慣習への理解を深めることが狙いである。

　市場調査の結果，中国の中小規模事業者ユーザーは，たとえ低価格のローエンド機種でも，見た目の高級感を重視することが分かった。もちろん，だからといって必要な機能が盛り込まれていなかったり，使い勝手が悪かったりしては意味がない。つまり，中国市場の攻略には「高級感」「低価格」「使い勝手」の3つを1台で実現する必要があった。

　ここで活躍したのが，富士ゼロックスの中国人社員たちだ。彼らが試作機を実際に使ってみて評価をすることで，日本人の開発担当者たちに多くのヒントを与えた。戦略機の筐体設計を担当者は，「中国人社員が思いもよらない使い方をしているのを見て驚いた。中国で売れる製品をつくるためには，日本人的な考えは捨てるべきだと思った」と当時を振り返る。

　中国人社員の意見を取り入れた複合機には，中国向けならではの工夫が数多く施されている。例えば，用紙の取り出し口の形状。日本では専用の台の上に複合機を置いて使用するが，中国では手持ちの棚の上に置いて使用するのが一般的だ。日本よりも低い位置で使う場合が多いため，取り出し口に排出された紙がユーザーから見えにくかった。そこで取り出し口の上部手前を奥にえぐってユーザーの目線から見えやすくし，さらに取り出し口の底面に波のような凹凸をつけることで紙の下に手が入りやすくした。波の形状は，高級感を演出するという目的もある。

　操作部のユーザーインターフェイスにも工夫を凝らした。液晶画面のサイズが大きいと高級感が増すが，実際にサイズの大きな物を採用するとコストが上がってしまう。そこで操作部に，あたかも液晶画面の一部であるかのように見える黒地部分を設け，実際の液晶の周囲に配置した。液晶画面は中央の部分のみ，それ以外は選択した機能のアイコンがLEDで点灯する仕掛けにした。ユーザーから取り出し口の紙を見えやすくするため，操作部全体の小型化も図った。

　中国市場で自信を深めた同社は今後，戦略機をベトナムやタイなどにも横展

第Ⅱ部　企業と社会

開し，新興国での市場シェア拡大に挑む（出所：『日経ものづくり』2014年8月号より編集作成）。

5　異文化経営とグローバル市民

(1) 文化的多様性

　多国籍企業の特色として，組織に文化的多様性を提供してくれることが挙げられる。新しいアイディアが出る可能性が増大し，外国の政治・社会・法律・文化の環境に関する理解も深まる。

　一方，マルチカルチャーはその多様性ゆえに，曖昧さ・複雑さ・混乱も増大させる。意味の統一が困難で，コミュニケーション上のミスが起こり，行動面での統一も困難である。その結果，メンバー間で不信感が募り，ストレスが増大する。

　多様性の存在を無視または最小化し，集権的管理を行うことは，混乱を避けるための1つの選択肢である。また，多様性のメリットも享受したいし，企業としての統一性も維持したいときには，マニュアルや規範が採用される。ABBは45カ国において1,000社以上の子会社を有し，従業員20万人を超えるグローバル企業であるが，各子会社は独立採算制の下で完全に分権化されている。子会社から送られてくる月次報告書をもとに，多国籍なスタッフで構成される本社は各事業の業績と経営上の問題点を検討し，数値化された情報により，曖昧さと混乱を回避する仕組みを設けている。

　日本的経営の試練の一環として，日本語の問題を取り上げる必要がある。日本語を使う限り，国際経営で活躍できるのは日本語のできる人に限られる。となれば，外国人の参加は限定的になる。楽天やファーストリテイリングのように，日本の親会社の中の共通言語を英語にする企業がどの程度増えるか。武田薬品は，社長に外国人を登用し，英語で取締役会をするなどの変革を推進している。

また，日本企業にとって，中国は米国・欧州と並んで重要な国である。中国本土に13億人余りがいて，香港・台湾・シンガポール，さらに東南アジアの華僑を含めると，15億人ほどになる。国際経営の共通言語を考えるとき，中国語を加える必要はないか。

　英語の習得だけでも並大抵の努力ではないのに，そのうえ中国語の習得にも努力しなければならないとなると大変である。社内共通語の英語化を宣言している楽天の三木谷社長は，中国語の学習を始めたという。

(2) グローバル市民

　21世紀に入り，多国籍企業の間で急速に実施率が高くなっているものに，進出先における社会貢献活動が挙げられる。これは企業市民という概念に立脚したものであり，進出先において，現地社会の一員として活動を展開することを目的とした企業行動といえる。

　企業の経営態勢が現地社会と良好な関係を築いていることは，派遣者により快適な現地生活を提供することになる。

　企業活動のグローバル化の進展による負の側面として，特に進出先市場での労働問題・環境問題を引き起こしていることがある。多国籍企業には，これまで経済活動一本で邁進してきた時代から，社会問題や環境問題に対しても積極的に取り組むグローバルCSRが求められるようになってきている。

　たとえば，多国籍企業が取り組むべき社会問題として，雇用・労使関係，職場の安全・衛生問題，児童就労・強制労働の問題などが挙げられる。また，環境問題に関しては，温暖化・森林破壊・砂漠化などの防止措置，その他にも，製造物責任，プライバシーの問題への対処が必要である。コンプライアンスの問題では，贈収賄，不正競争，インサイダー取引などが挙げられる。

　賄賂問題の背景には，ホスト国で円滑にビジネスを展開するために，賄賂の贈与が習慣化されている場合，有力な政府高官に賄賂を贈るか，もしくは倫理性に適ってビジネスの機会を失うかのジレンマが指摘できる。

　児童就労・強制労働の問題では，1990年代の前半に，スポーツシューズやア

パレルを生産販売しているナイキは，労働力が極めて安いフィリピン，インドネシア，中国へ工場を移転することを決定した。しかし，3国におけるナイキ工場の労働環境は極めて劣悪であった。長い労働時間，休暇の無視，低賃金，給食の酷さ，暴力の蔓延，過酷な罰則などである。最大の問題は，15歳以下の児童を労働力として雇用していたことである。児童労働はアメリカでは禁止されていたが，進出先ではそのような規制がなく，法の隙間をついて現地適応を図ったのである。

しかし，ナイキ工場の実態が明るみに出て，ヨーロッパやアメリカで不買運動が発生し，莫大な損失を負ったのである。ナイキの事例は，合法的に現地適応を図ったにもかかわらず，その活動が全世界から反倫理的であると非難を浴びると，持続可能性が危ぶまれることになることを示している。

三菱自動車のアメリカ子会社であるMMMAは，1992年11月から93年8月にかけて，29人の女性従業員により，セクハラや昇進資格での女性差別を理由に，米国雇用機会均等委員会への申し立て，94年に集団訴訟を起こされた。結局，セクハラを防止する措置を怠ったとして，セクハラ訴訟では史上最高の和解金約49億円を支払うことで決着した。また裁判期間中，2年以上の歳月と訴訟費用を含めて，70億円以上の資金を費やし，そのうえイメージダウンや不買運動のキャンペーンにより売上は大幅に落ち込んだ。セクハラがこれほど大きな問題に発展するとは，当時の日本国内での常識では捉えきれないものであった。

近年では，発展途上国への進出に際して，現地の環境・安全・健康の意識が向上しており，それを怠れば，批判を受けるだけでなく，現地での業務停止につながり，撤退を余儀なくされる場合もある。

多国籍企業は経営成果（売上高，シェア，利益，ブランドなど）を向上させることのみ追求するのではなく，社会的価値（進出先国の経済発展，国民の福祉向上，不公正の除去，地球環境の保護など）をも同時に追求しなければならない。グローバリゼーションの申し子である多国籍企業は各種の社会問題の解決を通して，その存在意義がいっそう問われている。

●参考文献一覧

伊丹敬之（2000）『日本型コーポレートガバナンス』日本経済新聞社
井手正介・高橋文郎（2009）『経営財務入門（第4版）』日本経済新聞出版社
江夏健一・桑名義晴編著（2012）『三訂版　理論とケースで学ぶ国際ビジネス』同文舘出版
江夏健一・太田正孝・藤井健編（2013）『国際ビジネス入門』中央経済社
汪志平（1995）『日本巨大企業の行動様式』北海道大学図書刊行会
汪志平（2007）『企業論入門』中央経済社
小田切宏之（2010）『企業経済学（第2版）』東洋経済新報社
海道ノブチカ・風間信隆編著（2009）『コーポレート・ガバナンスと経営学』ミネルヴァ書房
加護野忠男・砂川伸幸・吉村典久（2010）『コーポレート・ガバナンスの経営学』有斐閣
加護野忠男・角田隆太郎・山田幸三・上野恭裕・吉村典久（2008）『取引制度から読みとく現代企業』有斐閣アルマ
菊池敏夫（2007）『現代企業論―責任と統治』中央経済社
久保克行（2010）『コーポレート・ガバナンス』日本経済新聞出版社
小松章（2006）『企業形態論（第3版）』新世社
斉藤毅憲・石井貫太郎編著（2002）『グローバル時代の企業と社会』ミネルヴァ書房
坂本恒夫・大坂良宏編著（2012）『テキスト現代企業論（第3版）』同文舘出版
佐久間信夫編著（2006）『現代企業論の基礎』学文社
佐久間信夫編著（2007）『コーポレート・ガバナンスの国際比較』税務経理協会
佐久間信夫・水尾順一編著（2010）『コーポレート・ガバナンスと企業倫理の国際比較』ミネルヴァ書房
鈴木良隆編（2014）『ソーシャル・エンタプライズ論』有斐閣
関智宏・中條良美編著（2008）『現代企業論』実教出版
下谷政弘（2006）『持株会社の時代』有斐閣
谷本寛治編著（2006）『ソーシャル・エンタープライズ―社会的企業の台頭』中央経済社
谷本寛治（2006）『CSR―企業と社会を考える』NTT出版
高巌（2013）『ビジネス・エシックス［企業倫理］』日本経済新聞出版社

童適平（2013）『中国の金融制度』勁草書房
東京証券取引所（2013）『東証上場会社 コーポレート・ガバナンス白書2013』
竹田志郎編著（2011）『新・国際経営（新版）』文眞堂
馬頭忠治・藤原隆信編著（2009）『NPOと社会的企業の経営学』ミネルヴァ書房
林昭編著（2003）『現代の大企業―史的展開と社会的責任』中央経済社
平田譲二編著（2012）『ソーシャル・ビジネスの経営学』中央経済社
細川孝・桜井徹編著（2009）『転換期の株式会社』ミネルヴァ書房
松田修一（2006）『会社の読み方』日本経済新聞社
三戸浩・池内秀己・勝部伸夫（2011）『企業論（第３版)』有斐閣
宮本光晴（2014）『日本の企業統治と雇用制度のゆくえ』ナカニシヤ出版
武藤泰明（2007）『持株会社経営の実際（第２版)』日経文庫
元橋一之（2013）『グローバル経営戦略』東京大学出版会
森本三男（1994）『企業社会責任の経営学的研究』白桃書房
吉村典久（2012）『会社を支配するのは誰か―日本の企業統治』講談社
経済同友会『第17回企業白書　持続可能な経営の実現』2013年４月24日
　　（http://www.doyukai.or.jp/whitepaper/articles/no17.html）
日本経済団体連合会「2012年度社会貢献活動実績調査結果」2013年10月15日
　　（http://www.keidanren.or.jp/policy/2013/084.html）
21世紀中国総研編（2014）『2014年版　中国情報ハンドブック』蒼蒼社

Spinello, Richard A.（2014）*Global Capitalism, Culture, and Ethics*, New York: Routledge.
Steers, R, Nardon, L. and Sanchez-Runde, C.（2013）*Management across Cultures*, 2nd ed.. Cambridge University Press.

索　引

■英　数

CRM	139
EBO	44
LLC	15
LLP	15
M&A	42
MBO	44
NPO法人フローレンス	157
SOX法	84

■あ　行

アダム・スミス	54
アングロサクソン型資本主義	61
委員会設置会社	22
ウォール・ストリート・ルール	32
エージェンシーコスト	56
エージェンシー問題	56
オランダ東インド会社	10

■か　行

会計監査	23
株式公開買付け（TOB）	45
株式交換	45
株主行動主義	62
株主総会	19
株主総会の分散化	24
カルテル	36
カルパース	72
監査等委員会設置会社	28
監査役会設置会社	22
機械制生産	5
機関投資家	32
企業グループ	38
企業結合	35
企業市民	113
企業統治	53
企業評判指数	141
企業倫理	123
吸収合併	44
共同企業	6
共同決定法	94
業務監査	23
業務執行取締役	23
組合企業	6
グローバル・コンパクト	147
経営統合	39
経済形態	6
合資会社	13
公私合同企業	7
工場制企業	5
合同会社	14
合弁事業	167
合名会社	12
国有株	95
股権分置改革	97
個人企業	11
コンツェルン	37
コントラック	90
コンプライアンス経営	118
コンメンダ	9

■さ　行

最善慣行規範	87
財閥	38
サラリーマン経営者	60

残余財産請求権………………………	18
仕入系列………………………………	42
事業持株会社…………………………	38
下請加工系列…………………………	41
執行役員制度…………………………	26
渋沢栄一………………………………	31
資本と経営の分離……………………	71
資本の証券化…………………………	17
社員総会………………………………	16
社外監査役……………………………	29
社会責任投資…………………………	104
社会的企業……………………………	8
社外取締役……………………………	27
集約化…………………………………	164
純粋持株会社…………………………	38
準則主義………………………………	29
常務会…………………………………	26
所有と経営の分離……………………	56
新設合併………………………………	44
信任関係………………………………	20
ステークホルダー……………………	4
ストックオプション…………………	55
ストラテジック・バイヤー…………	43
製造物責任……………………………	110
戦略提携………………………………	49
相互会社………………………………	15
ソーシャル・エンタープライズ……	153
ソキエタス……………………………	9

■た 行

第三者割当……………………………	45
第三セクター…………………………	7
多国籍企業……………………………	8
チャンドラー…………………………	32
注意義務………………………………	20
中堅企業………………………………	7
忠実義務………………………………	20

長期インセンティブ…………………	65
定時株主総会…………………………	22
ディスクロージャー…………………	55
適合化…………………………………	163
敵対的買収……………………………	45
デファクトスタンダード……………	169
独立社外取締役………………………	27
特許主義………………………………	29
ドッド＝フランク法…………………	85
トラスト………………………………	37
取締役会………………………………	19
トリプルボトムライン………………	119

■な 行

ネガティブ・スクリーン……………	145

■は 行

パートナーシップ……………………	30
バーリとミーンズ……………………	32
配当請求権……………………………	18
ハウスバンク…………………………	63
販売系列………………………………	42
非正規雇用者…………………………	105
ファミリー・フレンドリー企業……	108
フィナンシャル・バイヤー…………	43
フィランソロピー……………………	118
フランチャイズ………………………	166
フルーガル・イノベーション………	180
ベンチャー企業………………………	8
泡沫会社………………………………	29
泡沫会社禁止法………………………	29
法律形態………………………………	6
ボリュームゾーン戦略………………	178

■ま 行

メインバンク…………………………	77
持株会社………………………………	38

■や 行	ライン型資本主義…………………… 61
役員報酬……………………………… 64	リバース・イノベーション………… 179
有限会社……………………………… 13	臨時株主総会………………………… 22
有限責任事業組合…………………… 15	零細企業……………………………… 7
有限責任制度………………………… 18	六大企業集団………………………… 40
友好的買収…………………………… 45	■わ 行
融資系列……………………………… 42	ワークシェアリング……………… 107
■ら 行	
ライセンシング…………………… 166	

■著者紹介

汪　志平（おう　しへい，Wang Zhiping）

1963年	中国安徽省黄山市生まれ
1985年	北京・清華大学自動化系卒業
	清華大学経済管理学院修士課程入学
1986年	中国政府の派遣で来日
1990年	福島大学大学院経済学研究科修士課程修了
1993年	北海道大学大学院経済学研究科博士課程修了，博士（経済学）
	北海道大学経済学部助手
1995年	札幌大学経営学部専任講師
1997年	札幌大学経営学部助教授
2002年	札幌大学経営学部教授

主要著作

『日本巨大企業の行動様式』北海道大学図書刊行会，1995年
『企業形態要論』中央経済社，2001年
『最新・現代企業論』（共著）八千代出版，2001年
『企業論入門』中央経済社，2007年
『コーポレート・ガバナンスの国際比較』（共著）税務経理協会，2007年
『改訂版　現代経営学』（共著）学文社，2008年
『日本金融組織和管理』上海遠東出版社，1997年
『現代日本工商管理案例』（共著）中国人民大学出版社，1999年

企業論テキスト

2015年2月1日　第1版第1刷発行
2021年9月20日　第1版第4刷発行

著者　汪　　　志　　　平
発行者　山　本　　　継
発行所　㈱中央経済社
発売元　㈱中央経済グループ
　　　　パブリッシング

〒101-0051　東京都千代田区神田神保町1-31-2
電話　03（3293）3371（編集代表）
　　　03（3293）3381（営業代表）
https://www.chuokeizai.co.jp
印刷／三英印刷㈱
製本／㈱関川製本所

©2015
Printed in Japan

＊頁の「欠落」や「順序違い」などがありましたらお取り替えいたしますので発売元までご送付ください。（送料小社負担）
ISBN978-4-502-12991-9　C3034

JCOPY〈出版者著作権管理機構委託出版物〉本書を無断で複写複製（コピー）することは，著作権法上の例外を除き，禁じられています。本書をコピーされる場合は事前に出版者著作権管理機構（JCOPY）の許諾を受けてください。
　JCOPY〈https://www.jcopy.or.jp　eメール：info@jcopy.or.jp〉

心理学や脳科学など心の科学をビジネスに応用する！

ビジネス心理検定試験
公式テキスト

 基礎心理編〔初級〕

齊藤　勇・匠　英一〔監修〕
日本ビジネス心理学会〔編〕

発達・学習，動機・能力，対人・コミュニケーション心理といったビジネス心理学の基礎を解説。

A5判・370頁

 マネジメント心理編〔中級〕〔上級〕

（経営心理部門・人事心理部門）

山口正史・匠　英一〔監修〕
日本ビジネス心理学会〔編〕

組織心理，リスク管理，人材開発，交渉，リーダーシップ，ストレスマネジメントなどを中心に解説。

A5判・448頁

 マーケティング心理編〔中級〕〔上級〕

（営業心理部門・広告心理部門）

戸梶亜紀彦・匠　英一〔監修〕
日本ビジネス心理学会〔編〕

顧客満足・購買心理，広告心理の調査や分析の仕方など，営業・販売・広告業務に役立つよう実践的に解説。

A5判・356頁

中央経済社